中公新書 2786

小林慶一郎著

日本の経済政策

「失われた30年」をいかに克服するか

中央公論新社刊

まえがき

過去三〇年間の日本経済は、なぜこれほどまでに停滞の状態が続いてきたのか。長期低迷を脱するために、どのような経済政策をすればよかったのか。また、これからどのような政策構想が必要とされるのだろうか。本書では、日本のマクロ経済政策を振り返り、このような問題を考えたい。

日本の実質経済成長率は一九八〇年代までは年率四パーセント程度の高い伸びを示していたが、一九九〇年代初頭のバブル崩壊によって状況は一変した。経済成長は九〇年代前半に急減速し、九〇年代後半以降は現在（二〇二三年）にいたるまで年一パーセント前後の低成長を続けている。二〇一二年末からのアベノミクス（安倍晋三政権の経済政策）の時期以降、政府と日本銀行は、インフレ率を年二パーセントまで上昇させて、緩やかな物価上昇（インフレーション）を安定的に実現することを目標に掲げてきたが、インフレ率も最近まで年一パーセント程度で低迷し、二パーセント目標は逃げ水のように達成できなかった。二〇二二年以降、海外の資源高などの要因でようやくインフレ率は三パーセント程度まで高まったが、日本銀行はまだ二パーセント目標が安定的に達成できたとは見ていない。再び低インフレに戻ることを警戒しているのだ。

長期的な経済停滞という問題は、世界のマクロ経済政策にとっても課題である。日本の九〇年代初頭のバブル崩壊からおよそ一七年遅れて、二〇〇八年には世界金融危機が発生した。それから一〇年以上にわたって欧米経済でも経済停滞が長期化した。その後、コロナ禍やウクライナ侵略を経て二〇二二年からインフレ率が急上昇したが、それを抑えるために欧米諸国は急激に金融を引き締めており、経済の先行きは不透明だ。また中国の不動産バブルの崩壊は、日本の九〇年代や二〇〇八年の世界金融危機の再来を予感させる。

このような日本と世界の経済問題に直面し、マクロ経済学はどのように現実を理解しようとしてきたのか。本書では、過去三〇年間に及ぶマクロ経済政策の動きと、それらをめぐる論争を振り返る。マクロ経済政策をめぐっては、日本では積極財政、金融緩和、不良債権処理、構造改革など様々な議論が展開されてきた。世界金融危機後は、FTPL（物価水準の財政理論）やMMT（現代貨幣理論）など耳慣れない新しい言説が登場するようになった。本書では、これらの考え方をどのように理解すべきかという点も論じたい。

日本の過去三〇年の長期低迷は、およそ一〇年ごとに時代区分が区切られ、それぞれの期間に経済低迷を引き起こす政策上の失敗または構造的な原因が存在した。

具体的には、一九九〇年代の低迷は不良債権処理の遅れが大きな原因となった。さらに不良債権問題が一応の終息をみた二〇〇〇年代には、経済社会の構造が大きく変化してしまった。

九〇年代末の銀行危機を境に、日本企業は雇用第一というそれまでの暗黙の規範を捨て、労働コストの削減に猛進した。その結果、二〇〇〇年代の日本企業は生き延びたが、非正規雇用が急増し、人的資本が劣化した。二〇一〇年代の生産性の低迷はそのツケが回ってきたために起きた。これに対し、対症療法として低金利政策を打ったことで、採算性の悪い事業が延命され、経済全体の生産性がさらに悪化した。政治面では、低金利のために財政規律が緩み、痛みのともなう政策は先送りされた。その結果、財政や社会保障の不確実性が高まり、将来不安が経済を圧迫することとなった。

本書は複数の政策分野の複合的な関連を見ていくためにも、時系列的に一九九〇年代、二〇〇〇年代、二〇一〇年代と、時代区分ごとに記述をまとめる。そして、これまでの経済政策や経済論争の回顧にもとづいて、二〇二〇年代以降の政策のあるべき姿を展望する。

本書が、新しい時代のマクロ経済政策のあり方を考える多くの人にとって、なんらかの思考の材料となれば幸いである。

目次

まえがき　i

第1章　バブル崩壊と不良債権処理の遅れ…………I
——一九九〇年代の日本経済

1　一九九〇年代のバブル崩壊　I
2　バブル崩壊後の経済政策　6
3　不良債権問題　II
4　全面的な銀行危機と不良債権問題の終結　25
5　金融制約を入れたマクロ経済学の進展　34
6　不良債権の経済学——何が起きていたのか　39
7　不良債権処理後も長期停滞が続いたのはなぜか？　48
8　現代の視点からの総括　53

第2章　長期化するデフレ
——論争と政策……57
1　財政政策から金融政策へ　57
2　デフレ論争の第一フェーズ——「デフレは短期的事象」　62
3　海図のない航海　80
4　デフレ論争の第二フェーズ——長期デフレ均衡　87
5　何が問題だったのか——リフレ政策の副作用　96
第3章　世界金融危機
——マクロ経済政策の世界的変化……107
1　大いなる安定から大不況へ——アメリカ経済の三〇年　107
2　「二〇〇八年」以前の経済学と経済政策　120
3　世界金融危機で何が起きていたのか　129
4　危機後のマクロ経済政策　139

5 危機からの教訓 151
第4章 格差拡大と長期停滞——新たな問題にどう対処するか……153
1 格差は循環するか？ 153
2 長期停滞論 168
3 新しい財政政策論の問題点——FTPLとMMT 172
第5章 「失われた三〇年」とは何だったのか——要因と展望……191
1 日本経済の三〇年を俯瞰する 191
2 格差の拡大が長期停滞を引き起こす 196
3 財政の将来不安による長期停滞 202
4 低金利の長期化が生む副作用 209
5 脱却への構想 217

第6章　日本経済のゆくえ……227
——持続性とフューチャー・デザイン
1　日本財政の実相　227
2　財政の持続性のための政策対応　236
3　世代間問題——財政問題を一般化する　244
4　世代間問題への新しいアプローチ——フューチャー・デザイン　248
5　フューチャー・デザインを政策に活かす　255
終　章　縦割り主義から「再帰的思考」へ……262
あとがき　267
参考文献　276

第1章　バブル崩壊と不良債権処理の遅れ
——一九九〇年代の日本経済

1　一九九〇年代のバブル崩壊

土地神話と銀行不倒神話

日本の長期低迷の原因の一つは、一九九〇年代初頭のバブル経済崩壊への対応の遅れ、すなわち不良債権処理の長期化であった。バブル崩壊後の不良債権処理に一五年間も時間をかけたことで、経済の体力を空費し、その後の一五年も後遺症に悩まされた。その影響は、経済の劣化として現在も続いている。日本経済の衰退の起点となったという意味で、九〇年代の経済運営はまさしく今日に続く問題である。バブル崩壊そのものもさることながら、バブル崩壊に対処した当時の政策に、非常に大きな問題があったのである。

戦後四五年間の目覚ましい経済成長の経験から、九〇年代初頭の日本は「政治は三流でも経済は一流」と自負し、日本型経済システムには基本的に問題はなく、これからも右肩上がりで経済成長が続くという楽観論が確立していた。

一九八〇年代末までの日本経済の自信は、「土地神話」や、「銀行不倒神話」に象徴される。九〇年までの戦後四五年間、日本の地価は一貫して上昇を続けており、永久に土地の値上がりは続くものだという信念が日本社会には常識として共有されていた。これが「土地神話」である。土地の値下がりが何年も続くという事態は完全に想像の外であった。

図1－1は、一九七五年から二〇二三年の住宅地平均価格の推移をあらわしている。たしかに、八七年から九一年にかけての土地の値上がりは異常なスピードだが、その後の地価下落と低迷が三〇年も続くと考えた人は九〇年代初頭には誰もいなかった。実際、地価が三〇年間も低迷するというのはバブル崩壊後の日本に特有の現象であり、アメリカをはじめとする先進諸国をみれば、長期的には地価（または住宅など不動産価格）は上昇し続けるのが常識である。二〇〇八年の世界金融危機を経ても、その傾向は変わっていない。バブル崩壊後の日本の地価の下落と低迷は、世界の常識から見ても、事前に想定することは難しい出来事だった。

一九九〇年当時、日本の銀行システムは、大蔵省銀行局のきめ細かい指導の下で業態別の棲み分けが行われており、都市銀行の決算の数字すら、事前に大蔵省の暗黙の了解のもとで各銀行横並びの数字が発表されると言われていた。銀行行政の基本姿勢は「護送船団方式」と呼ば

図1－1　全国の住宅地平均価格の推移

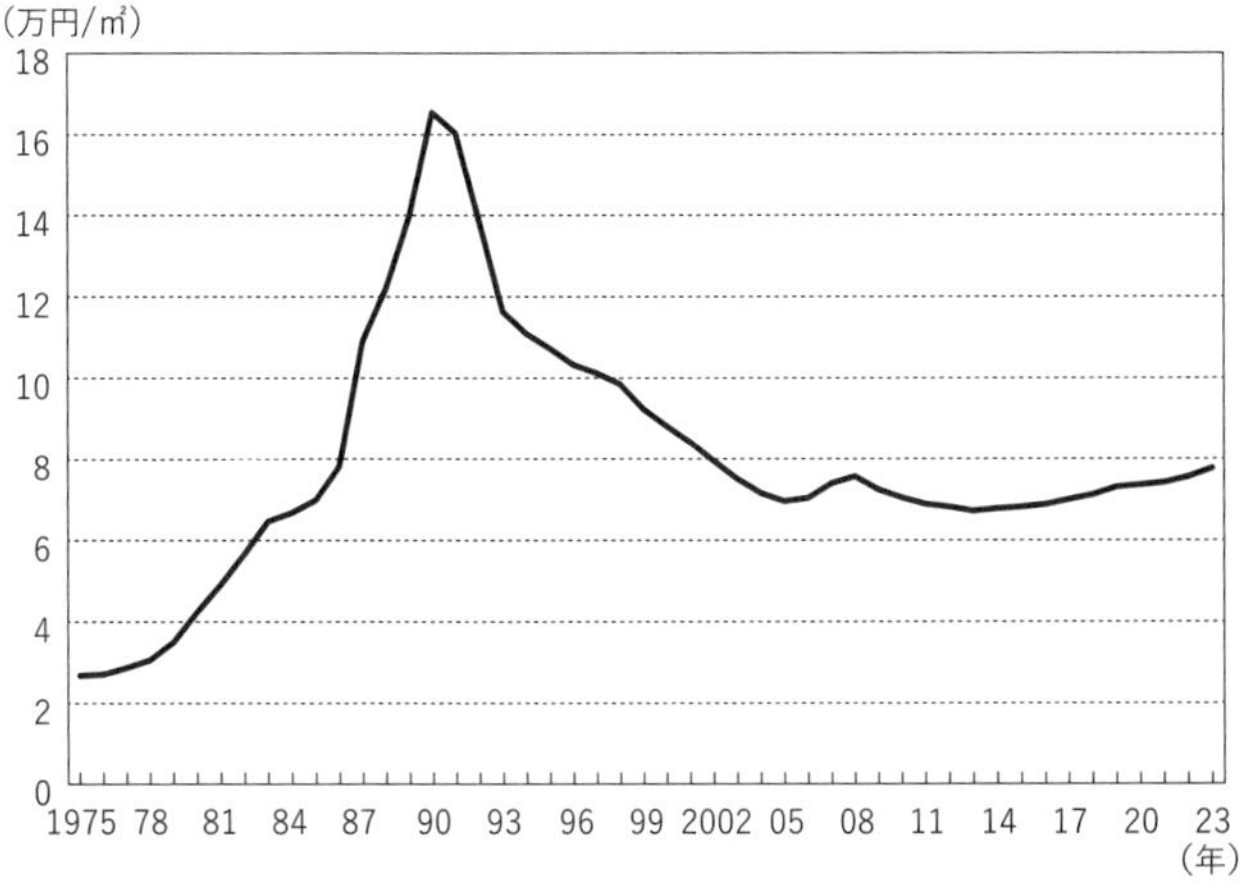

出所：国土交通省「都道府県地価調査『変動率及び平均価格の時系列推移表』」令和5年より作成

れ、一番船足の遅い船、すなわち一番競争力の弱い銀行が脱落しないように、全体の船団の航行速度を一番遅い船に合わせる——金融規制改革を、最も競争力の弱い銀行も脱落しない程度の漸進的なものにとどめる——という方式がとられた。世間的には、「銀行は倒産するはずはない、何か起きても大蔵省が他行に救済合併させるので預金者は損失を被らない」というのが常識だった。これは「銀行不倒神話」と呼ばれる。

両建て取引による土地バブルとその崩壊

土地神話、すなわち地価の上昇への絶対的な信頼と、銀行不倒神話のような、金融システムの安定に対する絶対的な信頼のもとで、一九八〇年代末の日本では、企業部門が「両建て取引」で資産と負債を膨張させていった。

両建て取引とは、バランスシートの資産の部の土地を増やし、負債の部に銀行借入れを増やす取引である。要するに、銀行借入れによって土地を購入し、その土地の値段が値上がりしてからその土地を担保にして新たに銀行借入れをして、さらに別の土地を買い増す、という取引を繰り返すことである。こうした行動は、資産と負債を両建てで増やす取引という意味で両建て取引と呼ばれたのである。当然ながら、値上がりを前提にした両建て取引は土地価格を吊り上げ、バブルをさらに激化させる結果になった。

バブルのピーク時には、いまから思えば考えられないレベルに不動産価格が高騰した。地価の単純比較をすると、皇居の土地を売ればカリフォルニア州が全部買えるということになった。また、「東京はニューヨークを凌駕する世界の金融センターになる」と真剣に信じられた。金融センターになれば、世界中の金融機関が東京にオフィスを構えようとするため、東京の不動産はオフィス需要で値上がりし続ける。だから現在の土地の値上がりはバブルではなく根拠があるのだ、とされた。しかし、日本の金融産業の実態は、護送船団方式による非効率を温存したままであった。

八〇年代末には、不動産価格の高騰は、政治的に見過ごせないレベルに達した。東京では「年収の五倍」の値段で家を買うという、当時理想とされた「サラリーマンの夢」がまったく実現できないレベルに地価が上がり、バブル退治を求める世論が高まった。バブルのピークだった一九八九年一二月に日本銀行総裁に就任した三重野《みえの》康《やすし》は、「平成の鬼平」と呼ばれてバブル退治に邁進し、公定歩合を三・七五パーセントから半年あまりで一気に六パーセントまで引き上げた。大蔵省も、一九九〇年三月に銀行への総量規制（不動産向け融資の伸び率を総貸出の伸び率以下に抑える規制）を導入し、これらの政策によって両建て取引によるバブル膨張には一気にブレーキがかかった。

一九九一年から、地価は下落を始める。九〇年からの株価急落とあいまって、一九九一年～九二年ごろには金融システムに巨額の不良債権（返済の見込みがない貸出債権）が発生していた。これまで、株価と地価の上昇を前提に、借り手は株と土地を担保に銀行借入れを増やしていたので、株価と地価の暴落によって、返済不能に陥る借り手が続出した。

国内総生産（GDP）も急激に低迷し、一九八〇年代まで平均四パーセント程度だった経済成長率は、九二年には一パーセントを下回り、九三年はマイナス成長、九四年も一パーセントを下回った。九五年は二パーセント、九六年は三パーセント成長を一時的に回復するが、平均的にみると、九〇年代以降の三〇年間は一パーセント程度の経済成長率が続くことになる。

2　バブル崩壊後の経済政策

平時の延長線上の不況政策

資産バブルの崩壊と急激な経済の冷え込みに対して、当時の政策当局の反応は、危機感に乏しく微温的なものであった。いまから振り返れば、日本の九〇年代の経済政策が Too Little Too Late（少なすぎるし遅すぎた）という認識が共有されたので、その後の二〇〇八年の世界金融危機のときに欧米当局は迅速で大胆な政策対応を実施できた。

一九九〇年代初頭の不況対策の考え方は、オールド・ケインジアンの需要管理政策の考え方が主流であった。そこに、政府の介入の意義に懐疑的な新古典派マクロ経済学の発想につらなる構造改革論が対置された。ケインズ主義と構造改革論の二つの思想の対立と攻防が、九〇年代前半の経済政策を形成した。しかし、これら二つの政策思想には、共通する問題があった。最も大きかったのは、どちらもフローの変数のみに着目し、ストック変数の問題（不良債権問題）にじゅうぶんな注意を向けていなかった点である。不良債権問題が一般の人々や企業にどのような懸念を抱かせ、どのような行動につながるのか、ということについて、当時の政策当局は（また経済学界も）理解がじゅうぶんではなかった。

ケインズ政策と流動性の罠

バブルが崩壊し、経済成長率が急減速した一九九一年当時には、今回の不況のメカニズムが通常の循環的な不況とは異なっているという認識が、政策当局に共有されていなかった。民間エコノミストの論考、たとえば一九九二年に出版された宮崎義一著『複合不況』（中公新書）では、バブル崩壊後の不況が通常の循環的な不況ではなく、金融システムの問題（不良債権問題）によって引き起こされた新しいタイプの不況であるという認識は示されていたが、一方で、政府の経済対策は、通常の不況に対するケインズ政策（財政出動と金融緩和による総需要の管理）でよいという考え方のままだった。

なんらかの理由によって総需要が収縮し、需要が供給能力を大きく下回る需要不足の状態になることが「不況」であるから、財政政策と金融政策で需要を創出すればよいという考え方が、当時の基本的な発想であった。需要不足という症状に対して、カンフル剤の注射のような対症療法的な手法で、とにかく需要を下支えすればすぐに問題は解決する、という考え方だ。政策当局では、一九九〇年代初頭の一年間か二年間、財政政策と金融政策で需要を下支えして乗り切れば、そのうち自然に日本経済は好況に戻るだろう、と想定されていた。

このようなケインズ経済学的な考え方には、「需要不足を引き起こした原因（＝複合不況を引き起こした金融システムの問題、すなわち不良債権問題）」に直接的に対処しようという発想はない。そもそも教科書的なケインズ経済学では、経済システムとは自分でものを考える人間の集まりというよりも方程式の束であり、財政政策や金融政策などの「刺激」に単純に反応する実験動物のようなものとイメージされていた。不況の原因を深く探究しなくても、政策で刺激して症状を緩和すれば、あとは自然に治る、と考えられていたのである。

しかし現実には、後述するように、金融システム問題（不良債権問題）が人々の疑心暗鬼を強めて経済を悪化させていた。それに対して、単に財政金融政策で総需要を下支えしようとしても、根本原因を解決できていないのであるから、九〇年代の不況が長引いたのは当然の帰結であった。

当初は一〜二年間のはずだった景気対策（財政政策）は、九〇年代を通じて恒例の年中行事と化した。毎年、一〇兆円前後の事業規模の景気対策が繰り返されたのである。

一九九〇年代の金融政策は、いまから見れば漸進的にではあるが緩和基調が続き、九九年にはついに名目金利ゼロの「ゼロ金利政策」に到達した。銀行預金の金利は九六年ごろから〇・一パーセント程度になり、実感としてはほぼゼロと同じだったので、銀行預金金利は九〇年代半ばから現在まで四半世紀にわたってほぼゼロだったと言ってよいだろう。名目金利ゼロの状態は、ケインズ経済学の用語で「流動性の罠」という。教科書的なケインズ経済学では、流動性の罠に経済が陥ると、マネーの供給量をいくら増やしても金利をゼロより下に下げられないので金融緩和政策は無効になり、財政政策だけが需要創出できることになる。

一九九〇年代末の時点で、財政政策中心の景気対策は効果が上がらず、金融緩和政策はゼロ金利の限界に達した。教科書通りの処方箋では、財政政策も金融政策もこれ以上なにもできないはずだったが、第2章で論じるように、九〇年代末から流動性の罠はマクロ経済学の最先端の研究課題となり、通常のケインズ経済学とは異なるメカニズムで、ゼロ金利下であっても金融政策は有効だと議論されるようになった。

構造改革論

財政金融政策によって総需要を下支えする政策を続けても不況から脱却できない状態が続いたことは、一九九三年ごろから問題視されるようになった。需要不足という従来の循環的な不況ではなく、供給構造に非効率性があるという「構造問題」こそが経済を低成長に陥らせているので、その構造問題を解決することで高成長を実現するべきだという構造改革論が広く主張されるようになった。

新古典派経済学の思想に則《のっと》った構造改革論は、時代遅れになった規制を緩和・改革して、古い既得権益を打破し、ベンチャーを支援してＩＴ革命を推進しよう、という前向きな話を語り、明るい未来像を指し示そうとする議論が多かった。言い換えれば、構造改革の議論の中で、不良債権処理のような後ろ向きの厄介な問題について語られることはあまりなかった。暗黙の了解として、バブルの後始末は構造改革を進める前に解決されているはずだとされていた。不良債権問題は経済政策以前の問題であり、当然、銀行業界や金融監督当局が粛々と解決してしかるべきもの、というのが当時のエコノミストや経済学者や経済政策当局者の受け止めであった。不良債権の問題は経済政策論争ではタブー視され、避けられる傾向が続いた。

「供給構造の非効率を正すべし」という構造改革論は、いつの時代においても一種の正論だが、供給構造の非効率が一九九〇年代の不況の原因だったのかというと大いに疑問が残る。当時、都心のあちこちに地上げされた使い道のない空き地が青空駐車場などとして放置されていたように、明らかに供給に対して需要が不足していた。供給と需要のギャップを需給ギャップ（GDPギャップ）というが、それが広がっていたのだ。この需要不足が問題であった。需給ギャップが解消された後ならば、構造改革で供給能力を増やすことが経済の長期的な成長率を高めるといえただろう。しかし、需給ギャップの拡大の真の原因（すなわち金融システムの問題）については、構造改革論は沈黙したままだった。

ちなみに、当時の構造改革論が問題視した事柄に、「日本の物価が高すぎる」という高コスト構造の問題がある。九〇年代初頭、日本の物価は、アメリカの二倍程度といわれた。二〇二〇年代の現在と比べるとまったく逆転していたわけである。九〇年代前半、一部のセクターで始まっていた価格の下落は、当時はデフレ（物価下落）ではなく「価格破壊」と呼ばれ、構造改革の成果として歓迎された。価格破壊は消費を増やして経済を活性化すると期待されていたのだ。「デフレが不況と経済成長率の低下を生み出す」という二〇〇〇年代以降の通念とまったく正反対の議論がされていたことは興味深い。なお本書は、デフレが不況の原因であるとする説には懐疑的な立場であるが、一方で、九〇年代の価格破壊（＝高コスト構造の改善）が不況の解消に役立ったかというとそれにも懐疑的である。当時の不況の真の原因は不良債権問題だったのに対し、価格破壊はその解決につながらなかった、というのが筆者の見解である。

3　不良債権問題

一〇〇兆円に及ぶ不良債権の発生

バブル崩壊後の最大の経済政策上の問題は不良債権問題であった。さらに大問題だったのは、「不良債権問題が最大の経済政策問題だ」という共通認識が社会全体で共有されるまでに七～八年もの時間がかかったということであった。

バブル期の両建て取引で膨れ上がった資産と負債のうち、資産価格が暴落したことで負債が返せなくなって、不良債権問題が発生した。一九九〇年代前半を通じて、不良債権の所在と金額について全貌は分からないままだった。個別の銀行内でも自行の貸出が不良債権であるかどうかを判定するには、支店からの情報の確認や経済情勢の変化を勘案することが求められ、容易ではなかったであろう。国全体での集計はなおさら困難であった。さらに、九〇年代初頭には、不良債権を明確に定義し、それを健全債権から区分して示すような公的な統計は存在すらしていなかった。

不良債権問題は、当初、金融システムに関連するきわめて専門性の高い業界特殊的な問題とみなされていた。国民生活に直接かかわる事柄とは考えられていなかったのである。大蔵省・日本銀行の金融規制当局は一般国民からみれば極端に秘密主義であり、不良債権をめぐる情報をシステマティックに集計し公開することには消極的な態度を取り続けた。不良債権についての調査は、公的統計ではなく、アドホックな聞き取り調査をしてその結果を行政当局内での業務に使うにとどめ、どうしても公表する必要が出てくれば、なるべく情報を削ぎ落して当たり障りのないかたちで公表するというやり方が続いた。

銀行法にもとづく行政による銀行の金融検査や、日本銀行による考査は行われていたが、当時は地価・株価はすぐに回復するという期待があったので、不良債権の扱いは曖昧で総じて甘く、その結果、不良債権の償却は迅速には進まなかった。一般の国民から見れば、不良債権の実態は分からず不確実性が高まる状況が長引いた。

事後的には、一九九〇年代初頭から二〇〇五年の不良債権正常化宣言までの期間に処理された不良債権の額は、合計約一〇〇兆円とされる（特別損失として償却された金額）。このうち民間資金（銀行が保有する資産の含み益の益出しなど）を財源とする処理が五〇兆円、公的資金を投じた処理が五〇兆円と言われる。一九九二年に不良債権額は八兆円と表明してから、政府は毎年、「不良債権処理はめどがついた」（あと数か月程度で問題は解決するとの含意）と言い続けたが、不良債権の公表数字は減るどころか増え続け、実態が分からない状態が何年も続いた。地価と株価は下落を続け、新しい不良債権の発生が繰り返されたのである。一九九〇年代末には、外資系金融機関のエコノミストが日本の不良債権は一五〇兆円あるというレポートを発表するなど、疑心暗鬼は膨らみ続けた。実際の処理額が約一〇〇兆円だったことから考えると、当時の市場関係者の見方はかなり的を射たものだったと言える。

不良債権の「処理」とは何か

不良債権（借り手から見れば過剰債務）とは「元利払いが予定通りにできなくなった銀行貸出」のことだから、その「処理」とは、借り手企業の清算か、事業再生である。なお、本書でいう「不良債権処理」とは、借り手側の債務契約の変更をともなうもの（直接償却）のことを差し、借り手側の債務契約を変更しない間接償却（銀行による貸倒引当金の積み増し）は含まない。

「清算」は、借り手企業の事業継続がプラスの価値を生み出さない場合に取られる手段で、債権者が借り手の事業を終了させ、残余資産を市場で売却して残金を回収する。これは文字通り、借り手企業の「死」を意味する。

一方、「事業再生」は、借り手企業の事業がプラスの価値を生み出す場合に、過剰債務を返せる範囲にまで減免して、借り手企業の事業継続を図ることである。債務減免の方法は、単純な債権放棄、債務の株式化などいろいろな手法がありうる。また、債務減免を実現するための交渉方法も、裁判外の私的整理、裁判による倒産手続き（会社更生法または、一九九〇年代は和議法、二〇〇〇年以降は民事再生法）など様々である。

マクロ的には、過剰になった銀行貸出を、借り手セクター（企業セクター）が返済可能な水準にまで減免することが不良債権処理である。本書で論じたいポイントのひとつを先取りすると、マクロでは不良債権減免によって借り手セクターの事業活動が活性化し、かつ、経済全体の不確実性という外部不経済も払拭されて、経済回復がもたらされうる、という点が重要である（本章第5節）。

一九九〇年代の初めにバブル崩壊の結果として不良債権が大量に発生した際に、銀行も借り手も不良債権処理を本格的に実施しようとしなかったのは、不良債権処理にきわめてネガティブなイメージが定着していたからである。借り手企業にとっては、不良債権処理とは倒産手続きに入ることを意味し、「倒産＝清算＝企業の死」が通り相場であった。一九九〇年代の前半には、事業再生という概念自体がほとんど知られていなかったので、不良債権処理が借り手の事業を活性化することにつながるという発想は誰も持っていなかった。

また、銀行にとっては「不良債権処理＝債権放棄＝銀行員失格」であった。債権放棄をすることは、銀行としてありえない失敗であり、なんとしても避けたい事態であった。債権の一部放棄（または債務の株式化）によって銀行の回収額がむしろ増える可能性があるという発想は、一九九〇年代前半には皆無であった。「債権放棄はあってはならない」という強固な先入観に支配され、銀行業界の思考は停止していた。ちなみに、債権放棄を忌避する傾向は、一九八〇年代の中南米などの累積債務危機のときに先進諸国の銀行にも見られたので、世界共通と言えるかもしれない（第3章第1節）。

一九九〇年代の前半は、借り手側も貸し手側も、不良債権処理を忌避し、問題解決を先送りしようとする傾向が強かった。返済の見込みのない借り手企業に、さらに資金を貸し付けて不良債権を優良債権のように装う「追い貸し」が横行しているとささやかれていた。

このように「倒産＝企業の死、債権放棄＝銀行の死」という先入観の下で不良債権の処理が九〇年代を通して先送りされていった。先入観の下での思考停止が続いた根本原因は、「景気対策によって早晩、地価と株価が再上昇し、不良債権は優良債権に戻る」という期待が、非常に根強く日本全体を覆っていたことだった。結果として誤った期待に思考が呪縛されていたとも言える。

既存の思考枠組みの呪縛

過去三〇年に及ぶ地価の下落と株価の低迷を経験した現在の我々の視点からは到底信じられないが、一九九〇年代には株価と地価は上がり続けるものという、戦後の歴史に裏付けられた信念があった。先述した「土地神話」である。米英など主要先進国の地価・株価も、一貫して上昇トレンドを示しているので、この信念はあながち間違いとは言い切れない。正常な経済なら地価・株価は上昇するべきところ、一九九〇年代からの日本では不良債権問題の先送り、少子高齢化、人的資本の劣化などが重なって地価・株価が低迷した。

問題は、地価・株価の上昇期待が不良債権処理の先送りを引き起こし、それが結果的に地価・株価の上昇を阻んだ、ということである。「地価・株価はまもなく上昇する」という予言を人々が信じて行動した(＝不良債権処理を先送りした)ことによって、予言が成就されなくなってしまうという「自己破壊的予言」が九〇年代の日本における地価・株価に起きていたと言える。地価・株価の上昇期待が日本の指導者層の思考を呪縛し、不良債権処理についての判断を長年にわたって誤らせ続けた。

経済政策の判断を誤らせたもうひとつの要因は、「ストック変数(不良債権)はフロー変数(生産、消費、投資など)の変化の結果であって、ストックがフローの原因になることはない」という教科書的な経済学の思考枠組みであった。第5節で論じるように、不良債権がフローの経済活動に悪影響を与えるという研究は、日本の不良債権問題が起きた後に活発になった。日本が不良債権問題に直面していた当時、政策当局者の頭の中にはケインズ経済学の思考枠組みしかなく、そこでの常識は「ストックはフローの結果であって、原因ではない」というものであった。バケツに溜まった水(ストック)は、蛇口から流れ出る水量(フロー)の結果であって、バケツの水が蛇口の水量に影響することはないと考えられていた。

　したがって、当時の経済政策決定者は、不良債権問題は、銀行業界や金融行政という閉じたコミュニティの中では重大な問題ではあるが、その解決が遅れたとしても、マクロの経済情勢には影響を及ぼさないはずだ、と暗黙のうちに想定していた。不良債権問題は、大蔵省銀行局と日本銀行の専門家だけが考えるべき金融業界の業界問題であって、国民経済の運命を左右するマクロ経済政策の課題ではない、と思われてきたのである。経済政策論争のテーマとしては、不良債権問題は長年の間、一種のタブーとして黙殺され続けた。不良債権問題が真正面から取り上げられたのは、一九九九年に銀行への公的資本注入が行われ、銀行危機が鎮静化したころからであった。

　不良債権問題を人々がタブー視して公の場での政策論議で取り上げにくい空気ができた背景には、もっと生々しい理由もあった。バブル崩壊でできた不良債権問題によって、暴力団などが関係する巨額の金融スキャンダルや犯罪が顕在化したのである。一九九〇年代前半に不良債権処理を進めようとした金融機関は、あからさまなテロの標的とされた。一九九三年の阪和銀行副頭取射殺事件、一九九四年の住友銀行名古屋支店長射殺事件は、表社会の代表たる大銀行幹部がまったく別世界の存在と思われていたアンダーグラウンドの勢力に殺害された事件であり、銀行業界は言うに及ばず、一般社会に大きな衝撃を与えた（どちらも未解決のまま時効を迎えた）。こうした企業テロ事件やスキャンダルの多発を経て、不良債権処理は日本社会の中でタブー視されるようになり、経済政策論議の場から早々に消えた。

経済悪化の真因である不良債権問題には、恐ろしくて誰も手が付けられない状態の中で、一

一九九〇年代の経済政策論争は、景気対策における財政支出の規模や、政策金利の水準、IT革命の推進、といった当たり障りのない話題に終始することになった。

為政者の時代精神

ここまで、一九九〇年代に不良債権問題の処理が先送りされた背景の事情を説明したが、これらの事情とあいまって先送りを実施させたものとして、当時の日本のリーダー層に共有された「時代精神」があったことを忘れるべきではないだろう。それは部分的に現在の日本にも受け継がれている。

不良債権の発生に直面したときに、債権者がそれをただちに損失と認識して償却するべきであることは、日本の商習慣の基本中の基本であり、商法などの法制度上の原則でもあった。問題の債権が不良債権であるかどうかは、たしかにケースバイケースの事情を考慮して判断する必要があるかもしれないが、当たり前のルールを当たり前に適用しておれば（つまり、債務返済の見込みが立たない借り手に追い貸しをしない、というルールを守っていれば）、不良債権かどうかを見誤ることはないはずであり、スピーディに損失処理することができたはずであった。もちろんその場合、九〇年代初頭の巨額の含み益を擁していた大銀行も損失処理によって大きな

痛手を被ったことは間違いないが、九〇年代末に実際起きた大銀行の連鎖破綻よりは損害は小さかったはずである。

つまり、日本の金融業界や行政などの指導者層が、自分たちの特殊事情よりも一般の商取引ルールの遵守を優先する高い遵法精神を持っていたら、不良債権処理の大々的な先送りは起こらず、問題はもっと小さなもので終わったはずである。

ところが、そうはならなかった。

バブル末期から一九九〇年代前半のこの時代を生きた人間には共通の感覚があるだろうが、当時の日本の指導者層には、市場経済の一般原則的なルールを重んじるよりも、関係者の特殊事情に配慮した（いわばルールを逸脱した）「大岡裁き」のような捌《さば》きをすることが一段上のやり方だという感覚が横溢していた。

別の言い方をすれば、市場経済ルールによる「法の支配（法治主義）」よりも、官僚や政治による「人治主義」を重視する感覚が広がっていた。あるいは、一般ルール（万人が従うべき法）に対する畏敬の念の欠如、もしくは、それをあからさまに軽視するような感覚が日本の指導者層に広く行きわたっていた、と言えるかもしれない。「清濁併せ呑む」ことがリーダーの要諦であるとか、怪しげな人間と交流する「ワル」なエリートこそ度量の広いリーダーだと一目置かれたのが、この時代であった。

このような時代精神の下で、不良債権処理の先送りは国を挙げての暗黙の方針となっていった。不良債権処理を先送りすることは、不良債権の存在を確認しないということを意味していた。当局は徹底した金融検査を行わず、不良債権は、意図的ではないかもしれないが、一般の家計や企業の目から隠された。このとき、巨額の不良債権の存在に薄々感づいている国民に、不良債権の正確な情報を伝えないことがどのようなダメージをもたらすか、銀行行政の当事者たちには分かっていなかった。一般の国民や企業の思考についての想像力を欠いていたのである。

不良債権が日本経済のどこにいくらあるのか分からなければ、個人も企業も、自分の経済活動の取引相手の財務的健全性を疑って、取引に慎重になる。取引相手が隠れた借金を抱えていたら、突然倒産して、予定されていた支払いをしてくれないかもしれないし、予定されていた期間の途中で取引ができなくなってしまうかもしれない。そのような不確実性に直面すれば、当然、個人も企業もよく知らない新規の取引相手との取引開始には非常に慎重になる。結果として、消費や投資が減り、GDPが大きく低迷する。このような経済コスト――すなわち、不良債権処理を遅らせることで経済全体の不確実性が高まり、家計や企業の経済活動が阻害される、という外部不経済効果――は、銀行行政の当局者の計算には入っていなかったのである。

彼らの念頭にあったのは、銀行（あるいは金融システム）にとっての最適な状態を追求することであった。政策当局者の思考の対象範囲が、銀行コミュニティに限定されていたのである。銀行行政は、いわゆる「縦割り」行政の典型で、マクロ経済的な影響まで考慮して政策決定できるかたちになっていなかったと言ってよい。

金融コミュニティだけに注目すれば、銀行や借り手などの不良債権当事者にとっては、不良債権処理は時間をかけてゆっくりと実施するほうがいいに決まっている。毎期の損失額が小さくなるだけで、関係者の受ける様々な「痛み」は小さくなるからだ。不良債権処理の先送りは当事者にとってはまさに最適解だが、それが当事者以外の国民や企業に巨大な不確実性と経済活動の萎縮というコストをもたらすことにまで政策当局者の思いが至らなかったという点は、いくら強調してもしすぎることはない。

パターナリズムの陥穽――パニック防止のために先送り?

不良債権処理を先送りせざるを得なかった大きな要因として、一九九〇年代当時には、システマティックな銀行の破綻処理制度(銀行版の倒産制度)が存在していなかったことがある。大蔵省が銀行を絶対に破綻させないという「銀行不倒神話」の下で、そもそも銀行破綻を想定した制度作りができていなかった。バブル崩壊が起きるまでは、金融機関の経営悪化が起きると、大蔵省が合併の相手先金融機関を探して調整し、破綻が表面化しないように救済合併するかたちで問題を処理していた。

しかし、バブル崩壊によって膨大な不良債権が発生したため、九〇年代には、大蔵省の個別の行政指導による救済合併という手法ではとても対処しきれなくなってきた。一方で、正式の銀行破綻制度がなかったため、銀行に不良債権を大量に処理させることもできなかった。もし、整然とした銀行破綻手続きの見通しがないままに銀行が不良債権処理を進めて破綻すれば、預金者に預金が返ってこなくなる。そうなれば、全国の銀行預金者が、あらゆる銀行から預金を引き出そうと殺到するパニック（銀行取りつけ：Bank Run）が起きたであろう。まさしく金融恐慌の発生であり、日本経済全体に計り知れないダメージが及ぶ。だから不良債権処理を先送りせざるを得なかった、というのが当時の政策当局者の論理である。

本来なら、バブルが崩壊するまで銀行破綻制度を作っていなかったことが問題だったのだから、たとえ泥縄でも、バブル崩壊直後に銀行破綻制度を整備し、整然と不良債権処理と銀行破綻処理を進めればよかったのではないか。そうした批判に対しては、次のような「よくある回答」が用意されていた。

巨額の不良債権がどこにあるか分からない、という不安を国民が抱えているときに、大蔵省が銀行破綻処理制度を作ると言えば、それがシグナルとなって銀行危機を呼び寄せてしまう。つまり、「破綻制度を作る」と大蔵省が言い出せば、国民は「それほど銀行の状態は悪いのか」と驚いて、「ただちに銀行破綻が起きるに違いない」と考え、一斉に預金を引き出そうと銀行に殺到するだろう。そうなれば、最も避けたい「銀行取りつけ」という事態を政府が自ら呼び込んでしまうことになる。銀行取りつけを回避するために銀行破綻処理制度を作ろうとしているのに、銀行破綻処理制度を作る動きを見せれば、逆に銀行取りつけを呼び込んでしまう。

だから、銀行破綻処理制度は、危機の真っただ中で作るわけにはいかないのだ――これが政府関係者のロジックであった。

これは、「国民を驚かしてパニックにさせてはいけない」「無知な国民は我々が守ってやらなければならない」というパターナリズム（家父長的権威主義）にもとづく考えであろう。一見もっともらしいが、国民の知性と判断力をまったく信頼しない考え方である。もう少し国民と踏み込んだ対話をする努力があってもよかったはずである。

ともあれ、こういうパターナリスティックな考えのもとで、一九九〇年代の前半の七年あまりの間、銀行破綻処理制度は作られなかったのだが、結局、一九九七年〜九八年の銀行危機の中で、混乱を極めながらも、銀行破綻処理制度は整備されることとなった。日本長期信用銀行などの大銀行が先に（破綻処理の準備ができる前に）事実上の破綻状態になってしまったので、その現実に背中を押されて、なし崩し的に銀行破綻処理制度の整備が始まったのである。

ただ、「パニックになるから破綻処理制度は作れない」と言いつつ、九八年の破綻処理制度の整備が始まる前に、パニックを防ぐ手立ては打たれていた。それは預金の全額保護である。九六年六月に、当座・普通・定期などすべての預金が全額保護される措置が導入されており、その後、九七年の銀行危機を経て、九八年から続々と制度整備が進捗した（金融安定化法、金融再生法、早期健全化法など）。つまり、まず預金を全額保護して、国民が我先に預金引き出しに走るパニック（銀行取りつけ）が起きない環境を作って、そののちに、破綻処理制度を作ったのである。実際、預金全額保護の制度ができていたおかげで、大銀行への深刻な銀行取りつけのパニックは九七〜九八年の銀行危機時においても発生しなかった。

そうであったからこそ、なおさら次の問いが浮かんでくる。一九九八年ではなく九〇年代の初頭において、預金全額保護をしたうえで銀行破綻制度を整備すればよかったのではないか――？ そうすれば、大きな銀行取りつけは避けつつ、不良債権処理を整然と迅速に進められたはずである。もちろん、日本が金融危機に陥っているという実感がなかった当時の国民からは、大きな驚愕や反発はあっただろう。しかしそれを乗り越える政治的な意思決定ができていれば、不良債権処理の早期解決は、やはり可能だったと筆者は考える。国民がパニックを起こすから破綻処理制度が作れなかったという、一見、国民への配慮に見える言説は、当時の指導者層の言い訳のように思えてならない。

不良債権をめぐる悪循環

一九九〇年代前半を通じて、金融の世界では、戦力の逐次投入と戦況の悪化の悪循環が繰り返された。資産価格がまもなく上昇するという期待の下で、不良債権処理は先送りされ、先送りの結果として、経済活動が停滞し、資産価格が下落した。不良債権額は、一九九二年当時の公表額（八兆円程度）から、逐次的に処理が進んだにもかかわらず、増加し続けた。

ちなみに筆者の個人的経験であるが、九一年に社会人となって、通商産業省の産業政策局に勤めていた筆者は、九二年の夏の段階で「大手銀行はこれから一〇年間は復活できない」という見方を、当時三〇歳代の中堅銀行マンから聞かされていた。結果的にその予言通りになった。九二年当時から、潜在的には八兆円より一桁多い不良債権が存在しているのではないかとの疑心を抱く人は少なくなかった。

不良債権の処理の先送りと資産価格の下落の悪循環が進んだ結果、不良債権額は膨れ上がり、一九九七年までには金融システムは限界に達していた。そしてついに九七年一一月、大手銀行が連鎖的に破綻する銀行危機が発生した。

4　全面的な銀行危機と不良債権問題の終結

一九九七年〜一九九九年の銀行危機

一九九五年と九六年には国内総生産（GDP）は高い経済成長率を示し、一見、経済は回復基調にみえた。当時の経済企画庁による設備投資循環の分析では、九四年に設備投資の過剰は解消されていたので、九五年からは景気が回復すると予想されており、現実のGDPの変化もその予想と整合的だった。しかし、株価と地価は低迷を続けており、銀行に蓄積された不良債権は増え続けていた。

九七年四月に消費税率が三パーセントから五パーセントに引き上げられたことが経済に打撃を与えたとの見方がいまでは一般的だが、当時の実態は異なっていた。増税後に一時的な落ち込みはあっても、九七年夏にはGDPは回復しつつあった。そのような中、夏のアジア通貨危機による国際金融市場の動揺を経て、積年の不良債権のマグマが爆発したのが、同年一一月に起きた日本の金融連鎖破綻だったのである。

まず、一一月三日に中堅の証券会社だった三洋証券が破綻し、その際にわずか一〇億円のインターバンクローンをデフォルト（債務不履行）した。インターバンクローンは、日々の資金過不足を調整するために銀行間で期限一日程度のごく短期の貸し借りによって資金融通する仕組みである。三洋証券がデフォルトするこの瞬間までは、「インターバンクローンで債務不履行はけっして起きない（借り手銀行が破綻しても、政府・日銀が、インターバンクローンの債務不履行を起こさせない）」という信念が共有されていた。その信念が、三洋証券の少額のデフォルトで崩れ去った。不良債権問題の深刻さは共通認識だったから、どの銀行がいつ破綻するか分からない状況の中で、「政府・日銀の保証がない」との認識が生まれると、その瞬間から誰もインターバンクローンへの資金の出し手になろうとしなくなった。こうして、三洋証券の破綻を引き金として、一気に日本のインターバンク市場が凍り付いた。

この金融危機の発生メカニズムは、二〇〇八年にリーマン・ブラザーズが破綻したことをきっかけに世界中の短期金融市場が凍り付き、世界金融危機に発展したことに酷似している。日本の一九九七年の金融危機は、二〇〇八年の世界金融危機の、いわば予行演習であった。

三洋証券破綻の二週間後の一一月一七日には北海道拓殖銀行が破綻し、一一月二四日には四大証券会社の一角だった山一證券が自主廃業に追い込まれた。どちらも巨額の不良債権を抱えて綱渡りで資金繰りをつけていた中で、頼みにしていたインターバンク市場の凍結がとどめとなった。その後、日本債券信用銀行と日本長期信用銀行の二行が事実上の破綻状態となり、日本政府はその破綻処理に一年間を費やすこととなった。九七年一一月以降は、インターバンク市場の機能不全と不良債権問題についての疑心暗鬼から、あらゆる金融機関が資金繰りに窮することになり、健全な借り手からも融資が回収される「貸し剝がし」と呼ばれる事態が多発した。このときまで、九〇年代を通じて、借金返済に窮する企業に返済資金まで貸し付けるという「追い貸し」が問題視されていたが、九七年一一月以降の銀行危機時には、それとまったく逆の貸し剝がしが社会問題となった。この時期、銀行は自行の資金繰りをつけるために、バブルとなんの関係もない健全な製造業企業からも債権回収を行った。こうした銀行の行動が、企業側を危機に陥らせることになった。また貸し剝がしの経験は、多くの健全企業を、その後、無借金経営に走らせることになった。

この銀行危機に押され、銀行破綻処理の制度整備と破綻処理が一気に進んだ。まず、九七年一二月五日に、銀行の債務（預金、金融債等）の全額保護が表明され、一九九八年二月には金融機能安定化緊急措置法（安定化法）が成立し、これにもとづいて三月に佐々波委員会（金融危機管理審査委員会）による公的資本注入（大手一八行、地銀三行に約一兆八〇〇〇億円）が行われた。

その後、六月二二日に金融監督庁が発足。七月にはブリッジバンク方式の破綻処理方法の導入が政府与党協議会で発表されたが、金融国会と呼ばれた第一四三回国会で紛糾し、野党の案を丸呑みするかたちで一〇月には金融再生法、金融早期健全化法が相次いで成立することになった。一〇月二三日に両法が施行され、即日、長銀の国有化が決定された（長銀は二〇〇〇年三月に米ファンドのリップルウッドを中心とするグループに売却された）。一二月には日債銀も国有化され（日債銀は二〇〇〇年九月にソフトバンク、オリックスなどの投資家連合に売却）、一九九九年三月にふたたび大手行一五行に対して約七兆五千億円の公的資本注入が行われ、ようやく金融システムは一定の落ち着きを取り戻した。

燻り続ける不良債権問題

ある程度の平静を取り戻した日本の銀行システムだが、巨額の不良債権が直接償却されず、残ったままになっていた。不良債権額については、先述したように、まだ一〇〇兆円ある、いや一五〇兆円ある、といった外資系金融機関のレポートがメディアに出回り、不良債権の全貌はいまだはっきりしない、というのが世間の受け止め方だった。

そうした中で、一九九九年以降の日本の政治はふたたび不良債権問題から目を背けるようになり、折からのアメリカのドット・コム・ブームに乗り遅れまいと「IT革命」こそが日本の重要政策だという議論が盛り上がった。未解決のままの不良債権という暗い話題は忘れ、明るい前向きな話題に意識を集中して、気分＝景気を盛り上げようという空気が日本を覆っていた。政府部内では、IT革命のためと銘打って財政出動を真水で三〇兆円確保すべしというような威勢のいい話がぶち上げられた。不良債権処理は、金融行政の専門家に任せるべき政策課題として、政策論争の表舞台からふたたび遠ざけられた。

しかし不良債権をめぐる不確実性は収まっておらず、世間の不安も続いていた。長銀と日債銀の処理が終わった後も、大型不良債権の案件（そごう、ダイエー、マイカルなど）のうわさが絶えず、一九九九年から二〇〇三年にかけて、企業の決算や中間決算の時期を迎えるたびに、「三月危機」「九月危機」の文字が年中行事のように新聞各紙や経済雑誌の誌面のトップを飾った。実際に、そごうは二〇〇〇年七月に破綻（負債総額一兆八七〇〇億円）、マイカルは二〇〇一年九月に破綻（同一兆六〇〇〇億円）、ダイエーは二〇〇四年一〇月に産業再生機構に支援を要請し、経営再建が図られた（負債総額連結で一兆六三〇〇億円）。

このような、政治やエコノミストが不良債権問題から目を背ける傾向は、構造改革路線を掲げる小泉純一郎政権が二〇〇一年四月に誕生すると、一変した。不良債権処理が政権の重要な政策課題と位置づけられ、柳澤伯夫《やなぎさわはくお》金融担当大臣とその後任である竹中平蔵大臣の指揮の下、不良債権の直接償却による処理の加速が図られた。政府からの度重なる強いプレッシャーにより、銀行の自発的な増資と、不良債権の直接償却が進んだ。

ターニングポイントは二〇〇三年にあった。〇三年五月、りそな銀行に対して二兆円の公的資本が注入され、一一月には足利銀行が経営破綻し国有化された。〇三年のりそな銀行と足利銀行の処理を契機に、金融システムへの基本的な信頼は回復し、不良債権比率も順調に減少した。〇二年一〇月三〇日に竹中平蔵・金融担当大臣が決定した金融再生プログラムでは、「平成一六年度（二〇〇四年度）には主要行の不良債権比率を現状（二〇〇二年三月期八・四パーセント）の半分程度に減少させ、問題の正常化を図る」との目標が設定されていたが、実際に、〇五年三月期は主要行の不良債権比率は二・九パーセントに減少し、その目標は達成された。

こうして、二〇〇五年五月にようやく一五年越しで「不良債権問題の終結宣言」が政府から発出された。

公的資本注入をめぐる論争

初代金融再生委員長を務め、一九九八年から二〇〇〇年代初頭にかけて日本の金融再生の指揮を執った柳澤伯夫・元金融担当大臣が、二〇二一年に回顧録『平成金融危機　初代金融再生委員長の回顧』を出版すると、大いに注目が集まった（柳澤2021）。長銀破綻処理の舞台裏など、当時の金融危機対応の経緯が詳細に記されている。

回顧録の終盤には、二〇〇〇年〜〇二年にかけて起きた銀行への公的資本の再注入を求める論争についても記されている。当時、筆者も資本注入による不良債権処理の加速を求める議論をしていたのでたいへん興味を引かれた。

柳澤氏は、当時の債権の査定基準は国際基準と同じかそれ以上に厳格であり、不良債権が隠れている余地はなかった、したがって不良債権処理の加速を求める日銀（速水総裁）や一部のエコノミスト、メディアが主張していた公的資本注入の追加は、金融行政の専門家の観点から見ればまったく必要なかった、という。

筆者も、銀行の健全性を確保するというミクロの金融規制の立場からは、柳澤大臣や金融庁当局の判断は正当なものだったと同意するにやぶさかではない。問題は、不良債権のマクロ的悪影響に対してどのように政策対応するかであった。マクロ的悪影響とは、「不良債権が存在するために（そしてどこにどれだけ存在するか国民からは見えないために）、家計や一般企業の経済活動が萎縮して、景気が悪化し、地価も株価もさらに下落して不良債権が増える」という悪循環のことである。柳澤氏や金融庁は、マクロ経済の動向は金融システムにとって外部の所与の条件であるとみなし、金融機関の健全化を図ることを（唯一の）目的として不良債権処理を進めた。不良債権が第三者の家計や一般企業に与える不確実性の弊害については、そういうこともあるかもしれないが、それは金融行政の「管轄外」なので致し方ない、と割り切っていたのであった。

しかし、日銀やエコノミストは、金融システムの健全性確保それ自体も大事だがそれにもまして、むしろ、「一般家計や企業の不安を取り除くこと」のほうが日本経済全体にとって優先度が高いと考えていた。そのために不良債権処理の加速は有効なので、公的資本を追加注入して（金融機関の健全性確保のためにじゅうぶんなスピードよりも）もっと不良債権処理を加速すべきだ、と論じたのであった。

二〇〇〇年〜〇二年に論じられた追加的な公的資本注入は、たしかに金融機関の健全性回復の観点からはやりすぎだったとしても、もし実施されていたら、不良債権処理が進むとの期待によって、家計や企業の行動を変え、マクロ経済動向を改善したであろう。その結果、株価の下落にも歯止めをかけ、デフレ的な傾向を阻止することに寄与したであろう。結果的に不良債権処理が思ったほど増えずに資本注入された公的資金が余ったとしても、銀行から政府に返済されるだけなので国民負担にはならない。したがって追加資本注入をしても大きなムダは生じない。

いずれにしても、マクロ経済の活性化のために不良債権処理の加速が必要だというのが当時の私を含む一部のエコノミストらの意見であった。その後、二〇〇三年のりそな銀行と足利銀行への資本注入、〇四年のダイエーの産業再生機構入りなどを経て世の中が落ち着いたことを考えれば、もっと不良債権処理を加速すべしという二〇〇一年〜〇二年ごろの議論は、マクロ的な見地からは適切なものだったといまでも考えている。

もちろん、柳澤氏の回顧録で示された金融行政の不良債権認定のための精緻なロジックからみれば、マクロの景気浮揚のために公的資本注入をして不良債権処理を加速するという発想など、金融行政のどの法体系にも入らない滅茶苦茶な理屈だということになるであろう。当時の金融再生法、早期健全化法などの法体系も、「マクロ経済の不安を取り除くために不良債権処理を進める」という発想はなかった。これは、不良債権がマクロ経済に影響するというミクロとマクロをまたぐ問題（複数の管轄領域をまたぐ問題）に対応できなかった日本の政治、政策コミュニティの限界の問題であり、担当した柳澤氏個人や金融庁当局の問題ではないだろう。

伝統的に日本の政治には、専門性の高い分野の危機管理問題は専門家に任せるべしと言って大局的な判断を避けて思考停止する、という悪弊がある。同じ金融でも、ミクロは金融庁、マクロは日銀、と「縦割り」になっていて、ミクロとマクロの両面に配慮して全体最適を図る人はどこにもいない、という体制になってしまっていた。「不良債権処理の加速」というミクロの手法でマクロの効果を狙う政策課題は、縦割りの隙間に落ちてしまったのである。

重要な政策課題が縦割りの隙間に落ちて放置されるという問題は、危機時の政策対応において繰り返し顕在化する日本の意思決定システムの構造的な問題点である。回顧録を読むと、柳澤氏が「与えられた任務」を完璧に成し遂げたことが再認識できる一方で、金融行政の専門家は危機時においてどこまで管轄領域から踏みだすべきだったのか、という疑問が胸に去来する。

ただ、さらに大局的に見れば、九〇年代末から二〇〇二年にかけての柳澤大臣による不良債権処理は、本来、一九九〇年代の前半に行われるべきだったということを強調したい。二〇〇〇～〇二年に追加的資本注入をすべきか否かという政策論争が起きたこと自体、すでに遅すぎたのである。

5　金融制約を入れたマクロ経済学の進展

一九九〇年代、巨大な不良債権問題という「エレファント・イン・ザ・ルーム」を日本社会の指導者層のだれもが認識していながら、一〇年近くも本格的に手を付けることができなかった。その結果、全面的な銀行危機を招き、さらにその後も対応に手間取って経済の停滞を招いた。最終的に不良債権問題が解決するまでに一五年もの時間がかかり、丸々ひとつの世代がバブルの後始末に追われることとなった。

日本の経済危機に対しては、海外からも強い関心が寄せられた。一九九七年一一月以降の銀行危機の際には、「長銀が有するデリバティブ取引が不履行になれば世界の金融市場で連鎖反応が起きて世界恐慌が発生する」と日本の金融当局関係者が真剣に懸念を示し、世界中の政府・経済政策関係者に緊張を走らせた。米クリントン政権の高官（ルービン財務長官、サマーズ財務副長官など）が日本に対して、早急な問題解決のために迅速で大胆な不良債権の直接償却処理を相次いで要求する事態ともなった。

経済学以前の問題として、そもそも不良債権の存在が認識されているのに償却処理をしない、ということはアメリカの政策関係者には信じがたいことであり、「なぜ不良債権が存在するのに処理しないのか」という素朴で強烈な疑問が呈された。筆者や日本の経済学者が、不良債権問題についてアメリカの経済学者に説明してもなかなか理解が得られなかったのは、「不良債権が処理されずに残っている」という状態が、アメリカの経済学者や当局者には考えがたいことだからであった（もっとも、米金融当局も、二〇〇八年の世界金融危機のときには、金融機関の時価会計を一時的に停止して債務超過に陥るのを防止するという、不良債権処理の短期的な先送りを実施しているのだが）。

金融制約の入ったマクロ経済学の発展

このような日本の経験は、世界の政策コミュニティに議論を巻き起こし、経済学の発展を刺激していた。一九九〇年代の終わりごろからマクロ経済学の世界では、金融的な摩擦やバランスシート変数を真正面から取り扱う新しい理論の構築など、金融とマクロ経済を一体的に扱う研究が増え始めた。

それ以前は、バランスシート変数の問題に着目したマクロ経済学の研究は、ベン・バーナンキ（プリンストン大学、元連邦準備制度理事会議長、二〇二二年ノーベル経済学賞受賞）の大恐慌についての研究など、ごく少数の研究だけであった（Bernanke 1983）。

バーナンキの一九八三年の論文は、一九三〇年代の大恐慌が悪化した要因として、銀行取りつけによる信用収縮を取り上げた先駆的な論文であった。当時は、ミルトン・フリードマンらマネタリストが唱えていた、大恐慌の悪化原因は貨幣量の収縮であるとする説が通説だった（Friedman and Schwartz 1963）。これに対して、バーナンキは貨幣量の減少だけではなく、銀行危機によって銀行から借り手への信用供与が機能不全を起こしたことが総需要を収縮させ、不況を悪化させたと論じた。この研究からはその後、簡単な理論モデル（Bernanke and Gertler 1989）が提案されたが、マクロ経済学の分析ツールとしてメジャーなものにはならなかった。

信用収縮が経済活動を制限するというアイデアは、その後さらに一九九〇年代の一〇年間を経て、ようやく定量的なマクロモデルに洗練され、一九九九年のバーナンキ、ガートラー、ギルクリストの定量モデル（Bernanke, Gertler and Gilchrist 1999）となってから標準的なマクロ経済政策の分析ツールとして広く活用されるようになった。このモデルを、以下では「BGGモデル」と呼ぶ。

BGGモデルの特徴は、借り手の正味資産（net worth）を担保として資金の借入れがなされるという一種の「担保貸し出し」のモデルになっていることである。企業家である借り手は、自己資金（正味資産）と借入金を使って設備投資をファイナンスする。なんらかの原因で正味資産が小さくなると借入れできる資金も小さくなるので、借り手の設備投資は正味資産の減少分以上に大幅に低下する。その結果、景気が大きく悪化する。BGGモデルは日本のバブル崩壊後の長期不況ではなく、アメリカの景気循環のモデルである。通常の景気循環の原動力として金融問題が一定の役割を果たしていることを理論化したのである。

日本の不良債権問題の要因として問題視された「土地担保貸し出し」について、マクロ経済学者が初めて理論化した論文が、プリンストン大学の清滝信宏とロンドン・スクール・オブ・エコノミクスのジョン・ムーアによる「信用循環」の理論である（Kiyotaki and Moore 1997）。借入れに土地担保が必要とされる場合には、地価の下落が貸出の縮小を生み、貸出の縮小は経済活動を収縮させるので、土地の期待収益を減らし、地価のさらなる下落を招く。地価の下落と貸出の縮小がスパイラル的に増幅することになる。

清滝とムーアは、最初に一回だけ「生産性の変化」などの衝撃が経済に与えられると、その後は自動的に地価とGDPが連動して上昇と下降を繰り返す「循環的」なマクロ経済変動が起きる、ということも示している（ただし、構造パラメータが特定の条件を満たす場合に限られる）。つまり、土地担保貸し出しが、大きなマクロ経済変動を生み出す可能性があるということである。

これらの金融とマクロをつなぐ研究は一九九〇年代末に大きく取り上げられるようになり、二〇〇〇年代のマクロ経済分析では標準的なツールとして使われるようになった。別の言い方をすれば、日本の不良債権問題が重大化した一九九〇年代には、世界のマクロ経済学は、金融とマクロの関係をじゅうぶんに扱える理論的水準にまだ達していなかった。

日本の不良債権問題の先例としては、中南米などの途上国の政府が先進国の銀行から借入れを行ってできた一九八〇年代の「累積債務危機」があった。その分析で得られた政策的含意は、実は、日本の不良債権問題にも有益な教訓を与えてくれるはずだった。しかし、累積債務危機は国家債務の問題であることと、なによりも発展途上国の問題であったことから、そもそも世界の最先進国である日本とは無縁の話だという先入観ができあがっていた。一九八〇年代の経済学（国際マクロ経済学）の研究で、累積債務問題の解決策についての経済学的知見はかなり蓄積されていた。のちに日本のデフレ論争に大きな影響を与えたポール・クルーグマンも、次節で論じるように、累積債務危機への政策対応について重要な研究を行っていた。しかし、これらの累積債務問題についての知見は、一九九〇年代の日本国内の政策論議では完全に無視され、そこからの教訓は当時の政策形成にまったく活かされなかったのである。

二〇〇〇年代に入ると、合理的期待モデルに価格硬直性を導入した新しいケインズ経済学（ニューケインジアン）にもとづくマクロ経済モデルが全盛になったが、そこに金融面についてBGGモデルやその発展形が組み込まれることになった。しかし、ニューケインジアン・モデルの分析テーマはあくまでアメリカ経済における通常の景気循環であり、日本で起きたバブル崩壊や不良債権問題による長期低迷ではなかった。

6　不良債権の経済学——何が起きていたのか

生産性の低迷とゾンビ貸出

一九九〇年代の日本について、二つの重要な研究がある。これらの研究から、九〇年代の日本経済の停滞の原因は、「貸し渋り」によって企業の設備投資が急減したことではなく、むしろ「ゾンビ企業」への「追い貸し」によって経済の生産性が低下したことにあったと考えられることが分かる。

ひとつ目は、バブル崩壊後の日本の長期停滞の要因は生産性の低迷だと指摘した、林文夫（政策研究大学院大学）とエドワード・プレスコット（アリゾナ州立大学、二〇〇四年ノーベル経済学賞受賞）の研究である（Hayashi and Prescott 2002）。彼らは、成長会計の分析手法により、日本の停滞の要因は生産性の低下であって、その結果、設備投資資金の「需要」が減ったのだと示唆した。バブル崩壊後の設備投資の激減は周知の事実であり、林・プレスコット論文が出るまでは、設備投資激減の原因は銀行の急激な貸し渋り、すなわち信用収縮だろうというのが多くの人の印象であった。銀行の信用収縮で設備投資資金の「供給」が減ったことが原因だと考えられたのである。

林・プレスコット論文が示したのは、次のようなことである。もし、信用収縮という資金供給の不足で設備投資が減少したならば、設備投資が生産全体に占める割合が急落しているはずだが、データをみると、設備投資の割合は低下していない。このことから、林・プレスコット論文は、日本の生産性がなんらかの原因で低下したために設備投資をするニーズが減ったと結論づけた。この研究により、日本の一九九〇年代の長期低迷の原因が、生産性の低迷であると認識されるようになった。必ずしも貸し渋りによって設備投資が急減したわけではなかったのである。

第二に、林・プレスコット論文とならんで日本のバブル崩壊後の低迷を論じた画期的な論文として、リカルド・カバレロ（MIT）、星岳雄《ほしたけお》（東京大学）、アニール・カシャップ（シカゴ大学）の「ゾンビ貸出」の論文が挙げられる（Caballero, Hoshi and Kashyap 2008）。彼らは、将来性がなく生産性が低い企業（ゾンビ企業）に対して、銀行が採算を度外視して貸し出しを増やし続けることを「ゾンビ貸出」と呼んだ。これは「追い貸し」とも呼ばれた現象で、不良債権となった企業に返済資金まで貸し付けるなどして、貸出総額を増やし続けるような状況を指す。バブル崩壊後に、地価の再上昇への希望的観測や政治的な思惑によって、日本の銀行は非合理的な判断をするようになり、こぞってゾンビ貸出を続けた、というのがカバレロたちの指摘である。ゾンビ貸出によって低生産性企業が生き延び続ける一方で、銀行の資金が生産性の高い企業に回らなくなり、生産性の高い企業が成長できず、結果的に、日本経済の生産性が落ちたとカバレロたちは解釈した。

これらの研究から推測される日本経済の低迷のメカニズムは、「九〇年代にゾンビ貸出（追い貸し、不良債権処理の先送り）が横行していたために、生産性の低いゾンビ企業が生き延び、その一方で、生産性の高い企業が必要な資金を得られないために成長できず、経済全体の生産性が上昇しなかった」ということである。

もっとも、それだけではなかったというのが筆者の実感である。もちろん、このようなメカニズムが働いていたことはたしかだろうが、銀行の資金がゾンビ貸出に回ったために「生産性の高い企業が必要な資金を得られない」ということが大規模に起きたのかどうか、確証はない。一九九〇年代を通して、日銀の金融政策は緩和的であり、民間銀行も一貫して「資金需要がない」と言い続けてきた。ゾンビ貸出に回すお金の他にも、生産性の高い企業に貸し出す資金の余裕はあった。また、一九九七年～九九年の銀行危機の時期を除けば、「貸し剝がし」が問題になることはなく、金融機関の貸し出し態度が厳しすぎるという借り手企業の不満は大きくなかった。

そのことからうかがえるのは、不良債権問題によって、生産性の高い企業に資金が回らないという直接効果に加えて、不良債権問題に起因する不確実性によって、企業や家計の「総需要」が全般的に萎縮していたのではないか、という仮説である。つまり、不良債権の取引に直接関係しない第三者にまで悪影響が及び、結果的に、巨大な総需要が喪失するという「外部不経済」効果があったのではないか。

デット・ディスオーガニゼーション

一九九〇年代の日本で起きていたことは、「経済社会の劣化」という一言であらわされる。観察事実としては、銀行による多額の「追い貸し」によって企業は生き延びていたが、生産性は悪化し、資金需要は低調であった。不良債権が日本全体で確実に増え続けているのに、それがどこにいくらあるか分からないという巨大な不確実性によって、不良債権とは無関係の企業や家計も萎縮し、経済取引のネットワークが収縮した。これが、筆者らが二〇〇一年に提唱した「デット・ディスオーガニゼーション（過剰債務による経済組織の萎縮）」である（小林・加藤2001、Kobayashi and Inaba 2005, Kobayashi 2006 ほか）。

不良債権が経済社会に広く生じさせる不確実性は、二〇〇八年の世界金融危機の際に「カウンターパーティーリスク」と呼ばれたものと同じである。不良債権の所在や規模についての情報が明らかでないため、第三者の企業や家計は「誰がいくら過剰債務を抱えているか、いつ倒産するか、分からない」という不確実性に直面する。新しい取引を開始しようとしても、取引相手（カウンターパーティー）が過剰債務を抱えているかもしれないから、「本当に契約通りに支払ってくれるのか？　予定通りに取引関係が続けられるのか？」と不安になる。過剰債務を抱えていたら、支払いをせずに急に倒産するかもしれず、また、突然倒産すれば予定していた取引が続けられなくなるからである。こうした不安があると、企業は新規の取引相手との取引を拡大することに著しく慎重になる。結果、日本経済の様々な場面で、取引ネットワークが萎縮してしまうのである。

銀行が不良債権の「追い貸し」を大々的に行っていたために、このような企業間の相互不信が増幅して、日本経済の様々な産業において取引ネットワークが収縮した。また、取引関係が収縮したために、設備投資の需要も減って、設備投資が急減した。このようなメカニズムによる経済劣化を筆者らはデット・ディスオーガニゼーション、すなわち「過剰債務による経済組織の萎縮」と呼んだ。

デット・ディスオーガニゼーションが起きると、取引相手への不信によって、産業の供給連鎖が萎縮し、企業間分業が劣化する。結果として、産業全体の生産性が落ちることが、日本のデータを元にした研究で実証されている（Kobayashi and Inaba 2005）。

専修大学の稲葉《いなば》大《まさる》と筆者は、産業連関表を使って、ある産業の取引相手が他の様々な産業に分散していることを示す「取引複雑性指数」を作って計算した。すると、産業間の取引の複雑さが九〇年代になってから低下していることが示された。これは、産業間の取引ネットワークが複雑なものから単純なものに劣化したことを意味しており、デット・ディスオーガニゼーションが起きていたことを示唆する証拠といえる。

デット・ディスオーガニゼーションの理論から言えることは、不良債権の副作用は、マクロ経済全体に及ぶほど大きなものになりうるということである。そのため、不良債権処理の効果も大きい。不良債権処理が進んで不確実性が小さくなれば、企業間の相互不信が緩和され、取引ネットワークが拡大して、経済全体で生産性が向上すると見込まれる。ただし、デット・ディスオーガニゼーションが解消しても、銀行にとっては間接的な利益しかない。銀行は不良債権処理をすると特別損失が顕在化するだけで、直接の利益はない。したがって、デット・ディスオーガニゼーションが解消するというだけでは、銀行は自発的に不良債権処理を進めたくなるわけではないのだ。この点は、カバレロ・星・カシャップ論文の「ゾンビ貸出」のメカニズムで考えても同じである。

そもそも、不良債権処理が銀行にとって損失を会計的に認識することでしかないのであれば、不良債権処理を先送りしようとする強い力が働くことも理解できる。しかし、不良債権処理が銀行にとって利益をもたらさない、というのは本当だろうか。一九九〇年代の末から二〇〇〇年代の初頭にかけての政策論争では、不良債権処理を進めることで銀行も利益を得られるのではないか、という議論がされた。当時注目されたのは「債務の株式化（デット・エクイティ・スワップ）」という処理方法だったが、革新の本質は処理方法ではなく、債務の額面を減免すれば銀行の回収額の期待値が大きくなるという経済理論にあった。それが「デット・オーバーハング（過剰債務）」の考え方である。

デット・オーバーハング──ゾンビ企業を潰すことは正しい政策か？

筆者は、一九九〇年代末から二〇〇五年にかけての不良債権処理の論争の中で、借り手企業を潰すのではなく、債務の株式化のような方法も含む「債務の減免」をもっと多用するべきだと主張していた。また、債務減免することが銀行の回収額を増やすことにつながるので、銀行にとっても利益になる、と考えていた。ここでは、なぜそのように考えることができるのか、デット・オーバーハングの理論から説明したい。

不良債権処理には、銀行が引当金を積むだけで貸出の額そのものは変更しない間接償却と、貸出の額そのものを削減する直接償却の二種類がある。借り手企業からみれば、間接償却は自分自身の状況をまったく変えない。しかし、直接償却なら、方法によっては借り手の状況はまったく違ってくる。

直接償却には、大まかに、①私的な合意による債務減免と事業継続、②公的な倒産手続きによる債務減免と事業の再生、③清算による会社の消滅、という三種類がある。会社が潰れるのは③の清算であり、それ以外のケースは債務を減免されて会社は生き残る。「不良債権処理＝③の借り手企業の消滅」というイメージがあったために、不良債権の直接償却には世間から強い抵抗があった。

経済理論からは債務の減免（①②）と借り手の清算（③）のどちらが推奨されるのだろうか。カバレロ・星・カシャップのゾンビ貸出理論は、ゾンビ企業の清算を推奨する。生産性が本質的に低いゾンビ企業に銀行が貸し出しをしているから、生産性の高い企業にお金が回っていかないのだ、というのが彼らの理論である。したがって、ゾンビ企業を潰して、他の高生産性企業にお金が回るようにすべきだ、とカバレロたちはいう。

しかし、現実の経済では、ゾンビ企業が借金を減らして健全経営の企業に立ち直ることが頻繁に起きている。東京大学の福田慎一と日本政策投資銀行の中村純一の研究によると、カバレロ・星・カシャップ論文の基準でゾンビ企業とされた企業の大多数がその後、健全企業に戻って復活したことが分かっている（Fukuda and Nakamura 2011）。ゾンビ企業だからと言って、潰さなくてもよかったのだ。

ゾンビ企業の債務の一部分を減らして、債務負担を軽くすればゾンビ企業の生産性は上がる。また、そうするほうが、最終的に銀行の回収額は増える。このような政策含意を持つ経済理論が、実は一九八〇年代からあった。それがデット・オーバーハングの理論である。一九八〇年代の中南米諸国での累積債務危機を受けて、経済学界でも様々な研究が発展したが、その中で、コロンビア大学のジェフリー・サックスやプリンストン大学のポール・クルーグマンなどが論じていたデット・オーバーハングの理論は、過剰債務が債務者（累積債務危機の場合は開発途上国政府）の行動を変えて、非効率なものにすると主張した（Sachs 1988, Krugman 1988）。

過剰債務があると、借り手は生産的な新事業を実行しても、新事業からのリターンをすべて既存債務の返済として銀行に取られてしまう。すると、新事業を開始しても時間や労力のコストがかかるだけで収益は自分のものにならない。この結果を予見して、借り手は最初から「新事業を実施しない」と決定するのである。このデット・オーバーハングのメカニズムが働くと、過剰債務の借り手（ゾンビ企業）は、生産性の高い事業のアイデアを持っていても、実行しなくなるので、生産性が低くなる。また、積極的な事業展開をしなくなるので、新たな借入金の需要も減退する。これは、日本で観測された不良債権の借り手企業の特徴と同じである。

デット・オーバーハング理論の政策含意は、「借り手企業を潰すのではなく、債務を減免して負担を軽くするべきだ」ということになる。債務が部分的に削減されて、返済可能な額になったとしよう。すると、借り手は新事業を新たに始めても、そこからの収益をすべて銀行に取り上げられる心配はなくなる。借り手は新事業からの収益の一部は自分の取り分になるから、新事業を始めても「骨折り損」にはならない。よって、借り手は生産性の高い新事業を始めるモチベーションを持てるようになる。しかも、借り手企業が新事業を始めて収益が上がれば、一部は銀行が返済金として受け取るので、新事業を始めなかった場合に比べて銀行の回収額は増えることになる。

つまり、銀行が不良債権の一部を減免すると、借り手の生産性が上がって銀行の回収額も増えるということである。この関係を「デット・ラッファー・カーブ」という。これは、経済評論家アーサー・ラッファーによる、「所得税の税率を下げると、人々がやる気を出して以前より働くようになるので、所得税の税収総額は増える」という議論になぞらえたものである。ラッファーは、税率と税収の関係をグラフに書いて、税率が高すぎる場合には、税率を下げると税収が上がる、という関係になると主張した。このグラフをラッファー・カーブというので、サックスやクルーグマンは、「債務の額面を減らすと債権者の回収額が増える」という関係をデット・ラッファー・カーブと呼んだのである。

デット・ラッファー・カーブからの教訓は、「ゾンビ企業は潰すべきだ」とは単純に言い切れないということである。過剰債務を抱えたゾンビ企業は必ずしも常に低生産性の企業とは限らない。債務を減免すれば、ゾンビ企業は生産性の高い健全企業に再生し、銀行の回収額も増えるかもしれないのである。「不良債権処理＝過剰債務の減免」は銀行にとっても直接の利益（回収額の増加）をもたらす政策となりうる。つまり、過剰債務の減免は、借り手企業にとっても貸し手の銀行にとっても得になるウィンウィンの政策となりうるのである。

7　不良債権処理後も長期停滞が続いたのはなぜか？

不良債権処理後の日本経済

前節の議論から、不良債権が累積している間に経済が悪化することが分かった。そこからは、当然、不良債権処理が終われば経済成長は回復するはずだと期待される。しかし現実には不良債権処理が終わった二〇〇五年以降も、日本経済は一パーセント前後の低成長から抜け出せなかった。〇二年二月から〇八年二月までは史上最長の好景気（いざなみ景気）ではあったが、成長率は年一・五パーセント程度と低空飛行だったため、「実感のない景気回復」と言われた。

これはなぜだろうか？

二〇〇〇年代になって少子高齢化が顕在化してきたことや冷戦後の国際経済環境の変化など様々な要因が関係していると思われるが、考えられるひとつの仮説は、「不良債権処理が遅れすぎたために、処理が終わった後も一種の後遺症のような効果が残り、経済が健全な状態に戻れなくなった」というものである。不良債権処理に一五年もの時間をかけたという時間の長さが原因となって、不良債権処理後のさらなる長期停滞が引き起こされた。

一九九〇年代初頭には多くの優秀な若者が銀行業界に就職したが、彼らは不良債権の管理などの非生産的な業務に忙殺され、時間と労力を費消した。後ろ向きの業務に追われているうちに、経済成長につながる新しいスキル、すなわち「人的資本」の形成ができなかった。それが日本経済の活力を削いだと思われる。

不良債権処理が終わった後の二〇〇〇年代になっても、企業はリスクをとって前向きの事業に乗り出すということをせず、リスクを回避して低収益事業を続ける消極的な経営が続いた。その結果、ますます働く人々は前向きの人的資本が形成できなくなり、それがさらに企業の経営を消極的にするという悪循環が発生したのである。

不良債権処理後の長期停滞──人的資本の劣化は続く

不良債権処理が終わった後も長期停滞が続くメカニズムは、次のような悪循環として表現できる。

①まず不良債権の大量発生による企業間の相互不信で、企業間の分業が崩れ、生産性が低下する（デット・ディスオーガニゼーション）

②低生産性の下では、教育や技能向上など人への投資が低調になり、人的資本が劣化する

③不良債権処理が長引いて、人的資本が相当程度に劣化すると、企業間で分業しても採算性が取れなくなるので、企業は分業構造（サプライチェーン）を再生しない。人的資本の劣化が一定程度以上に進むと、サプライチェーンが萎縮した状態は、不良債権（と企業間の相互不信）がなくなっても続く

④分業が再生しなければ、経済全体で低生産性が続き、人的資本の劣化が進む。人的資本の劣化が進むと、企業間分業は採算が取れないので再生しない、という悪循環が続く

重要な点は、人的資本の劣化が進行する前に、早期に不良債権処理を終えておけば、このような悪循環は起きなかったということである。不良債権処理に長い歳月がかかり、その間に人

的資本の劣化が進むと、その後は「企業間分業の萎縮」と「人的資本の劣化」の悪循環が始まり、長期停滞に陥る。これが、二〇〇〇年代の初頭に起きていたことについてのひとつの説明である。

大事な点なので、この悪循環の構図については、もう少し詳しく説明しておこう。ふたたび箇条書きにすれば、下記のようになる。

①不良債権発生によるデット・ディスオーガニゼーション

前節で説明したデット・ディスオーガニゼーションをもとに考える。デット・ディスオーガニゼーションの核心は、「企業間の分業によって生産性が高まる」という分業の原理である。各企業が専門分化し、供給ネットワークで結びつくことで分業が成立し、その結果、生産性が上がる。ところが、不良債権が蔓延《まんえん》すると、企業間の相互不信が高まり、分業ネットワークが崩れるので、生産性が低下する。これがデット・ディスオーガニゼーションだった。

②デット・ディスオーガニゼーションによる人的資本の劣化

不良債権が膨張していくと、不良債権の先送りのための業務など、後ろ向きの仕事に才能ある人々の時間と労力が取られ、人的資本の形成が阻害される。また、企業間の分業が壊れることで、経済全体の生産性が低下する。経済全体の生産性が低下すると人的資本への投資（高等教育や研修、企業内でのオンザジョブトレーニングなど）のリターンが低下するので、人的資本への投資が減り、結果として、経済全体で人的資本が劣化していく。

③不良債権処理後にも続く企業間分業の萎縮

不良債権処理が迅速に終われば、人的資本の劣化があまり進まないうちに経済が正常化するので、経済はもとの高度な分業が実現した成長軌道に戻ることができる。

しかし、不良債権処理に一五年もの時間がかかった場合には、経済全体での人的資本の劣化がかなり進むので、企業間で分業を再開しても分業から得られる利益が小さくなってしまう。一方、企業が専門分化して分業に参加するにはコストがかかるので、分業の利益が小さくなれば、企業は分業に参加しようとしなくなってしまうのである。つまり、デット・ディスオーガニゼーションによって人的資本の劣化の度合いが進んでしまうと、不良債権処理が終わっても、企業は分業ネットワークを再生しなくなる。

④「分業の萎縮」と「人的資本の劣化」の悪循環

企業間の分業が再生しなければ、経済全体の生産性が高まらないので、企業や働く人々にとっては人的資本への投資をしてもリターンが小さくなる。人的資本を増やしてもそこからのリターンが小さい環境では、人的資本への投資も進まず、劣化が進む。すると、上記の通り、人的資本の劣化がさらに企業間分業の萎縮をもたらし、生産性を低下させる。

　こうして、企業間の分業の萎縮と人的資本の劣化が増幅し合う悪循環が生まれ、経済全体が停滞する状況が長年にわたって続くことになるのである。

8　現代の視点からの総括

　それでは結局、一九九〇年代の経済政策はどうするべきだったのだろうか。結論から言えば、九二年ごろに大手銀行に公的資本注入を行い、その段階で強力に不良債権の査定と直接償却処理を進めておけば、バブルの後始末は九四〜九五年ごろには終了しただろう。その後の日本経済は通常の回復軌道に戻ったのではないかと思われる。

　日本と同じ時期にバブルが崩壊したスウェーデンがまさにそのような経緯をたどった。不良債権処理を迅速に進めれば、個々の借り手のレベルでは清算も多くあったと思われるが、マクロでは、過剰債務の減免が借り手側の産業全体としての再生につながり、銀行の回収額も増やせたはずであった。

　景気循環的に見れば、日本のバブル期の設備投資の過剰は九四年には解消していた。九五年以降は景気回復期に入って当然の状態だったのである。したがって、日本経済のバランスシートに巣食っていた不良債権処理さえ終わっていれば、九五年には、日本経済は健全なスタート地点に立てていたはずであった。そして、九〇年代後半は着実な景気回復が実現したかもしれなかった。地価も株価も、九〇年代半ばごろから回復して上昇基調に戻ったかもしれない。そうなれば不良債権が追加的に大量発生することもなく、バブル崩壊後の日本は四年〜五年のやや長い不況を経験するだけで、その後は欧米諸国と同じような安定した成長軌道に戻れたかもしれない。たとえばアメリカは、二〇〇八年のリーマン・ショック後の大不況を二〇一二年には脱し、その後は二〇二〇年にコロナ禍が始まるまで安定的に二パーセント強の経済成長率を回復した（ただし、アメリカ経済の成長率は回復したが、GDPの水準はリーマン・ショック前のトレンド線に復帰できず、それより一段下がって以前のトレンド線と平行に成長するようになった）。アメリカの経済成長率に対する金融危機の影響は四年程度だったのであり、事後処理を誤らなければ、日本も同じようにバブル後の不況を乗り切れたかもしれないのである。

一〇年以上もの時間を空費し、一世代の人材を後ろ向きの不良債権先送りで摩耗させ、日本経済の長期停滞の素地を作ったのが一九九〇年代の不良債権問題をめぐる社会と政策当局の対応であった。九〇年代初頭の日本では、不良債権処理は企業を潰すことを意味し、銀行は単純に損失を認識するだけのことだと考えられ、銀行からも借り手からも忌避されていた。不良債権処理が借り手の再生につながること、銀行にとっても債権の一部放棄によって回収額は増える可能性があることを、早急に社会全体の共通認識にするべきであった。

政策当局者が先送り政策を選択した背景にあったものは、国民の思考に対する想像力の欠如（不良債権問題による不確実性の拡大が人々の心に与える影響を想像できない）と、それを強化する根強い縦割り思考であった。

蛇足だが、筆者が一九九〇年代に感じていたことを記しておきたい。当時、筆者は、日本が国を挙げて積極的に「不公正＝ルールからの逸脱」を行っている、という感覚を拭えなかった。実際、不良債権は認識したら即座に償却することが商法の大原則であるから、不良債権処理を先送りすること自体が市場経済のルールからの逸脱であった。このような市場経済システムの原則をないがしろにする不公正を、指導者層が音頭を取って社会全体で推し進めたのが、一九九〇年代の日本だった。しかも、短期の緊急避難ではなく、一〇年もの長きにわたってその異常な状態が続いたのである。原則からの逸脱が長く常態化した時代を経験したことで、多くの人々が精神的に頽廃し、人的資本が劣化し、その後の日本が長期的に衰退したのは当然のことだと、個人的には思うのである。

第2章　長期化するデフレ
——論争と政策

1　財政政策から金融政策へ

高まる金融政策への圧力

前章で述べたように、一九九〇年代末から二〇〇〇年代初頭にかけて、日本の金融システムは大きく動揺した。その上、不良債権処理が進捗して金融システムが正常化するまでには、まだ何年も時間がかかると予想されていた。二〇〇二年初頭の金融庁の計画では、不良債権の正常化までにあと「七年程度」の時間がかかるとされた。

それでは遅すぎるとして、その後、竹中平蔵・金融再生担当大臣の下で新しく作られた金融再生プログラムでは、「三年後に主要行の不良債権比率を半減させる」ことが目標となった。

実際、金融再生プログラムの目標達成は二〇〇五年三月期となり、伊藤達也・金融再生担当大臣が不良債権正常化を宣言したのは二〇〇五年五月であった。全面的な銀行危機が発生した一九九七年一一月から不良債権正常化まで、七年半もの時間がかかったのである。

この年月の間に、「もっと早く劇的に状況を改善する政策はないのか」というフラストレーションが日本の経済政策論壇で高まった。その「不満のはけ口」とされたのが、日本銀行の金融政策であった。一九九〇年代末以降、日本のマクロ経済政策の中心テーマは金融政策となった。

これには二つの背景がある。

ひとつは、一九九〇年代の前半に財政政策と構造改革の推進が不発に終わったことである。不良債権という根本問題に対処しようとしていなかったのだから当然といえば当然のことだが、毎年のように数兆円～一〇兆円を超える補正予算を組んで財政出動を行っても、減税を行っても、日本経済のトレンドを成長基調に戻すことはできなかった。また、既得権益層の抵抗を排して多大なポリティカル・キャピタルを費やしても構造改革は思ったように進まず、経済社会への影響はわずかであった。

構造改革は、その後の小泉純一郎政権（二〇〇一年～二〇〇六年）などでも推進されていくが、改革の歩みは遅く、日本経済を劇的に回復させるにはいたらなかった。マクロ経済政策としては、財政政策と金融政策しか政策手段がないなかで、財政出動を何回行っても景気回復につながらず、政府債務が積み上がり、一九九九年ごろには「もう財政政策を続けるのは限界だ」という一種のコンセンサスが経済論壇にはできていた。このころには外資系金融機関のアナリストなどが「財政破綻」のリスクを声高に警告し始めていた。

要するに、一九九〇年代末の日本では、景気浮揚に使える政策手段が他になくなり、消去法で「金融政策」に期待するしかない状況になっていたのである。

もうひとつの背景は、世界的なマクロ経済学界の動向である。一九九〇年代末から二〇〇〇年代初頭というこの時期は、ちょうど、マクロ経済学の主流がRBC（リアル・ビジネス・サイクル、実物景気循環理論）からニューケインジアンに移行していた時期だった。

一九八〇年代から九〇年代にかけてマクロ経済学の主流だったRBCは、基本的に「財政政策も金融政策も含め、政策介入はやらないほうがよい」という哲学に貫かれていた。「生産性の変動などの「外的ショック」に対して経済システムが最適な反応をして、その結果として起きるのが景気変動であるから、政策的に景気の動きに介入するべきではない」という考えである。RBCでは、基本的に財政政策や金融政策は効果がない、と考えられていたのである。

一九九〇年代末からマクロ経済学の主流となったニューケインジアン・モデルは、RBCに「価格の硬直性」を導入して、金融政策が効果を持つように仮定した理論モデルである。価格の硬直性によって市場経済に歪みが生じるので、その歪みを是正する金融政策（中央銀行による名目利子率の操作）は社会厚生を改善する効果がある、とニューケインジアンは論じた。

もともと、財政政策も金融政策も効かないRBCに、金融政策が「効く」ようになるための工夫として価格の硬直性を導入したのがニューケインジアンなのだから、その理論の中で金融政策が効くのは当たり前のことであった。いずれにしても、一九九〇年代末ごろからニューケインジアンがマクロ経済学の主流となるにつれ、マクロ経済学界では「財政政策は効かないが、金融政策は効く」という見方が暗黙のコンセンサスとなった。むしろ、「ニューケインジアンのマクロ経済学」という学問分野そのものが、中央銀行の金融政策を分析することに特化した学問分野であるとも言える。一九九〇年代末以降の時代は「マクロ経済学=中央銀行についての学問」という関係が色濃くなっていたのである。

このような環境の中で、一九九〇年代末以降になって、世界中のマクロ経済学者から「日本の不況は金融政策を使って解決すべきだ」という強い意見が出てきたのは、自然なことであった。

一九九〇年代前半の金融政策

金融政策の政策手段である短期金利(無担保コールレート)は、一九八九年二月の四パーセントから九一年三月には八パーセントまで上昇したが、バブル崩壊が明確になってから緩和基調に転じ、九五年一〇月には実質ゼロとなった(〇・四七パーセント)。バブル崩壊後にコールレートがゼロに達するまで、約四年半の歳月がかかっている。当時はこれを遅いと批判する声はあまりなかったが、世界金融危機後のアメリカの短期金利（Federal Funds レート、ＦＦレート）の低下スピードと比べるとかなり遅かった。二〇〇七年八月に五パーセントだったＦＦレートは、二〇〇八年一二月には実質ゼロとなった。その間、一年四ヵ月である。アメリカの劇的な金融緩和は日本の一九九〇年代を反面教師にしたものだから、その点は割り引く必要があるが、九〇年代の前半を通じて、日本の金融緩和はいまからみれば動きが緩慢すぎたことは否めない。

当時の金融政策の目標は、財やサービスの価格（フロー変数）であり、資産価格（ストック変数）ではなかった。フロー変数のインフレ率が大きく変化していない以上、金融政策を大きく変えることはできなかった。ストック変数（株価、地価、企業債務）は、金融政策にとっては、あくまで参考数値であって、資産価格の下落を止めるために金融緩和を使うという発想は、非公式にはあったかもしれないが、公式には正当化されなかった。

一方で、当時の日本銀行は、不良債権問題に重大な関心を有しており、銀行システムの安定化（すなわち不良債権問題の解決）が最優先すべき政策課題だと考えていたようである。当時、信用機構課長だった白川方明《まさあき》（元日銀総裁）は、不良債権問題の対処を進めるよう積極的に政府に働きかけたという。

さらに、九〇年代前半は、政府の景気対策すなわち「財政政策」によって景気を回復させることができるはずだ、という期待が政界では根強かった。一方、金利の上げ下げという金融政策に対する一般社会からの大きな期待や要求は少なかった。そのような状況では、日銀の専門家が物価動向を見ながらどちらかというと慎重に金利の引き下げを進めることになってしまったのも無理はない。

一九九〇年代半ばには預金金利はほぼゼロになり、金利調節はゼロ金利の下限に事実上、到達した。名目金利はゼロ以下に下げることはできないので、さらに金融緩和をしようとしても手立てがないという、「手詰まり」状態に陥った。その後、九〇年代半ば以降の日本経済は、慢性的な銀行危機の状態だったので、日銀は銀行破綻対策に追われるようになる。世間の注目も銀行問題に集中したので、金融政策（金利調節）は政策論争の後景に退いた。一九九八年に長銀と日債銀の破綻処理にめどがつくまで、金融政策が政策論争の中心テーマとなることはなかったのである。

2 デフレ論争の第一フェーズ――「デフレは短期的事象」

クルーグマンの「日本が陥った罠」

一九九八年五月、MIT教授だったポール・クルーグマンは、"Japan's Trap"（「日本が陥った罠」）と題する短いエッセイをホームページで公開した（Krugman 1998a）。これはその後の二〇年間の金融政策をめぐるデフレ論争の開始を告げる記念碑的なエッセイであった。このエッセイは、いまでもクルーグマンのホームページで公開されている（https://www.princeton.edu/~pkrugman/japans_trap.pdf）。

デフレ論争とは、簡潔に言えば、「低インフレまたはデフレにおいて、名目金利がゼロ下限に達したときにどのような金融政策で対応すべきか」という問題をめぐる論争である。一九九〇年代末から二〇二〇年のコロナ禍の発生までをひとつの時代区分と考えると、この約二〇年の間に日本と世界で論じられたデフレ論争は、さらに二つのフェーズに分けられる。

最初のフェーズは、一九九〇年代末から二〇〇〇年代初頭にかけての時代である。このときのデフレ論争の前提は、「デフレは一時的な現象である」という仮定であった。当時の認識では、デフレは日本という特殊な国で起きた特殊な現象であり、マクロ経済が正常な状態から「短期的」に逸脱しているだけだ、と欧米の経済学者は考えていた。当初は、「短期的なデフレをどのような金融政策で乗り切るべきか」という問題意識で、現在「リフレ派」と呼ばれる一連の議論が数多く提唱された。

しかしその後、デフレは長期化した。少なくとも日本のデフレは一〇年以上続き、二〇〇八年の世界金融危機後には、欧米諸国でも慢性的なデフレの脅威が認識されるようになった。

二〇〇〇年代後半（特に世界金融危機の後）から二〇二〇年ごろまでの時代がデフレ論争の第二フェーズである。この時代のデフレ論争は「デフレは長期的な均衡となりうる」という前提で議論されるようになった。

デフレ論争のはじまり

まず、デフレ論争の第一フェーズから振り返ろう。一九九八年には銀行危機がピークに達し、銀行の破綻処理の準備が急ピッチで進む一方、マクロ経済政策は手詰まり状態に陥っていた。銀行危機のためにあらゆる産業で「貸し渋り」が発生し、日本経済は急激に収縮した。その結果、日本はバブル崩壊後はじめて、物価が下落するデフレ状態に陥った。

預金金利は一九九五年からほぼゼロになっており、デフレに対抗して金融緩和をしようとしても経済学の教科書にある処方箋には使える手立てがなかった。ケインズ経済学の教科書には、金利がゼロの下限に達したら、金融政策は使えないので財政政策で需要を増やすべきだ、と書いてある（「流動性の罠」の理論）。しかし、一九九〇年代末の時点では、「日本の財政政策は限界までやり切った」との認識が当時のコンセンサスだった。それはクルーグマンも含め、世界中の経済学者もそう見ていた。当時の経済論壇の多くの論者は、これ以上は財政政策をやっても効果はないと考えていたのである。

金融政策も財政政策も使えない、という手詰まり状態の中で、クルーグマンはごく簡単なエッセイ（"Japan's Trap"）で「人々の期待を変えることができれば」金融政策は有効だという新説を提唱したのである（その内容については次項で論じる）。このエッセイは、一九九八年に日本経済新聞「経済教室」などで取り上げられ、打開策を探し求めていた日本の経済論壇の注目を一気に集めた。クルーグマンの議論は、日本では調整インフレ論、インフレターゲット論、などと呼ばれ、その後、ゼロ金利下であっても大胆な金融緩和を推し進めるべきだと主張するエコノミストや論客のグループ（リフレ派）が形成されるきっかけとなった。

世界のマクロ経済学の研究動向に対しても、クルーグマンのエッセイの影響は大きかった。マクロ経済学で標準モデルとされるニューケインジアン・モデルは「リカードの中立性が成り立つので財政政策は効かない。一方、価格の硬直性があるので、金融政策は有効である」と主張するモデルだった。ちなみにリカードの中立性命題とは、意訳すれば、「合理的な個人は、補助金（財政政策）で所得が増えても「政府はいずれ補助金で払った分を増税で取り返すだろう」と予想するので、受け取った補助金を増税に備えてそのまま貯蓄する。その結果、需要は増えず、財政政策は無効になる」という主張である。

当時の、ニューケインジアンの議論は、名目金利がプラスの場合を考えるという前提に立っていて、それまでは「名目金利がゼロ下限に達したらどうすべきか」という問題は考察されていなかった。ゼロ金利になることは現実には起こりえない理論的可能性にすぎないと思われていたのだ。ところが日本でゼロ金利下での金融政策が現実の問題として浮上した。それに対し、クルーグマンが「期待に直接働きかける金融政策」を実施すればよい、と説いたのである。

その後の数年間は、日本でも世界でも、クルーグマンの議論や彼のエッセイに触発された理論がマクロ経済学界と経済政策論壇を席巻した。「期待に直接的に働きかける金融政策」の有効性を主張する新しい学派が大きな力を得たのである。

クルーグマンの議論　「責任を持って無責任になれ」

クルーグマンの"Japan's Trap"をきっかけに日本の経済論壇では、インフレターゲット論が大きな勢力を得るようになった。「日銀が二パーセント程度のインフレを長期目標に掲げ、ゼロ金利になっても目標達成まで貨幣供給量（マネーストック）を増やし続ければ、いずれインフレは二パーセントに達し、GDPギャップ（需要不足）も改善し、最終的には名目金利もプラスにできるようになる」と主張する議論である。

"Japan's Trap"において、クルーグマンは自身の主張を、"credibly promise to be irresponsible"という一言にまとめている。これは、（日本銀行は）「無責任と思われるほど大幅な金融緩和を続ける」と信用できるかたちで約束せよ、という意味である。意訳すれば、「日本銀行は責任を持って無責任になれ」といったところだろうか。

要するに、「インフレ率が二パーセントになるまでは、いままでの常識では考えられないほどの金融緩和を将来ずっと続ける。インフレ率が二パーセントになっても、金融緩和をすぐには止めない」と日本銀行が約束し、その約束が市場参加者や国民に信じてもらえたら、名目金利がゼロ下限に達していても、実際にインフレ率は二パーセントまで上がるはずだというのが、クルーグマンの主張であった。この結論に至るクルーグマンの議論には、二つの重要な仮定がある。それは次のようなものだ。

①いまの日本経済は「流動性の罠（デフレで名目金利ゼロの下限に金利が到達している状態）」に陥っているが、いずれ近い将来、経済は流動性の罠から「自然に」脱け出せるという仮定

②現在の日本の自然利子率はマイナスになっているという仮定

第二の仮定はどういうことかというと、「長期的に日本経済のGDPは縮小していく（日本は長期的に貧しくなっていく）」ということである。長期縮小する日本という仮定が第二の仮定には隠れている。クルーグマンの理論では、日本経済は長期的に衰退していくので、人々は将来に備えて貯蓄を増やそうとし、現在の消費が過少になる。そのため、経済全体では供給能力に比べて消費需要が不足し、失業などの不況が起きる、と考えられた。

現在の消費需要を増やして不況を脱する（すなわち、現在の需要を増やして現在の供給能力と一致させる）ためには、実質金利をマイナスにして、貯蓄すると損になるような状況を作り、消費を増やすしかない。したがって、日本が長期衰退するという前提のもとで、現在の需要を増やして供給と一致させるためには、実質金利をマイナスにしなければならない。これがクルーグマンの第二の仮定である。

現在の需給一致のために将来のマネーを増やす？

一九九八年の日本で何が起きているのかというと、物価上昇率がほぼゼロで、日本銀行が名目金利をほぼゼロまで引き下げたから、実質金利もほぼゼロとなっている。ところが前記の仮定②により、需要と供給が一致する実質金利（自然利子率）はマイナスの値だから、実質金利がゼロの現状では、実質金利が「高すぎる」ことになる。そのため、需要が不足し、供給量よりも小さくなってしまう。これが一九九八年の日本だと、クルーグマンは言ったのである。

不況とは需要不足のことだから、景気を良くするには、需要を増やして供給と一致させる必要がある。そのためには、「マイナスの実質金利」を実現する必要がある。どうやって実現するかというと、インフレ率をプラスにすればよいのである。クルーグマンは、インフレ率をプラスにするためには仮定①（デフレは短期的な現象）を使って将来の物価水準についての「期待」を操作すればよい、という。

仮定①より、近い将来デフレは終わって、経済は正常な状態（名目金利がプラスの状態）に回復する。すると、その時点で貨幣供給量（マネタリーベース）と物価水準が比例するようになる。

もう少し詳しく説明してみよう。貨幣数量説（PY＝MV）の式で、P（物価水準）とY（実質GDP）をかけたものは、右辺のM（マネタリーベース）とV（貨幣の流通速度）をかけたものに等しくなるのだが、経済が流動性の罠に陥っていると、貨幣の流通速度Vが不安定に変化してしまうのに対し、経済が正常化した将来では、Vは一定の値に落ち着き、変化しなくなる。実質GDPも急に変化しないので、PY＝MVの式でYとVが一定になる。

つまり、将来の時点では、物価水準Pは貨幣量Mに比例するので、Mを二倍に増やすとPも二倍になる。そうなると、もし、日本銀行が「将来の貨幣量M」を大きく増やす、と約束して、その約束を国民が信じたら、「将来の物価水準P」も大きく上昇することになる。将来のPが上がるなら、現在のインフレ率（現在の物価水準から「将来の物価水準P」への上昇率）も上がることになる。

よって、クルーグマンの処方箋は、「現在のインフレ率を上げるためには、「将来の物価水準P」を上げればよく、そのためには「将来の貨幣量M」が増えると人々に信じてもらえればよい。したがって、「将来の貨幣量M」が増えると人々に信じてもらうために、日本銀行は現在において「無責任と思われるほど大幅な金融緩和を将来までずっと続ける」と宣言し、その宣言を人々に信じてもらえればいい。金融緩和を続けるという宣言を人々に信じてもらうために、日本銀行は、いま常識外れで無責任な金融緩和をするべきだ（そうすれば人々は日銀が将来も金融緩和を続けると信じるだろう）」というものだったのである。このロジックをもう一度まとめると、二つの要素から成り立っている。

第一は、「近い将来、金利は正常化するはずだ」ということ。金利が正常化した経済では、貨幣量Mと物価水準Pは比例関係になるので、Mを二倍に増やせば、物価Pも二倍になると厳密に言える。

第二は、「いま、日銀が無責任に貨幣供給量を増やせば、ゼロ金利下であっても、人々は「将来もずっと貨幣量Mは増えたままだ」と信じるはずだ」ということである。この第二の言明が成り立つかどうか、厳密には証明できない。「いまは貨幣量が増えているが、将来になれば、日銀は貨幣量Mを減らすだろう」と人々が信じる可能性を排除できないからだ。しかし、クルーグマンの"Japan's Trap"以降、マクロ経済学者の多くは、第二の点について深く批判することなく受け入れた。名目金利を動かせないゼロ金利下であっても、中央銀行が二パーセントのインフレターゲットを約束し、無責任なほど貨幣供給量を増やせば、人々は「将来もずっと中央銀行は金融緩和を続けるだろう」と信じるはずだ、とマクロ経済学者は素朴に信じたのである。しかし、繰り返すが、人々がそう信じると言える根拠は薄弱だった。

こうした不確かな前提の上に作られたクルーグマンのモデルを基本的に受け容れ、さらに精緻化した動学的なモデルが、多くの著名なマクロ経済学者によって提案された。たとえば、アラン・オーバックとモーリス・オブストフェルドの「流動性の罠での公開市場買い付け」(Auerbach and Obstfeld 2005)、ベン・バーナンキの連銀理事としての講演(Bernanke 2002)、ガウティ・エガートソンとマイケル・ウッドフォードによる「ゼロ金利制約と最適な金融政策」(Eggertsson and Woodford 2003)などである。彼らは、クルーグマンと基本的に同じロジックで、ゼロ金利下での金融政策として、「量的緩和（貨幣量を無責任に増やす政策）」や「フォワードガイダンス（現在から将来までの金融緩和継続を約束する政策）」などの政策を提唱した。

問題点　コミットメント・デバイスの欠如

クルーグマンの"Japan's Trap"を起点に、学界や論壇ではリフレ派の議論が大きな支持を得るようになった。「名目金利が下限に達しても、中央銀行が量的緩和を実施して、貨幣量を将来にわたって増やし続けると宣言をすれば、不況を脱却できる（＝需要と供給のギャップを埋められる）」という見解が支持された。

しかし、現実の日本経済は、クルーグマンの理論の通りには推移しなかった。クルーグマン理論やそこから派生したリフレ派的な議論には、次のような三つの問題点があった。

第一の問題は、「デフレやゼロ金利は一時的」という仮定がどこまで正しかったのか、ということである。クルーグマン理論で、リフレ政策（量的緩和やフォワードガイダンス）がうまく行く理由は、「近い将来」に自然に経済がデフレから脱却して正常化している「はずだ」と、人々が信じているからであった。しかし、現実の日本経済の物価上昇率の動きは、図2−1にあるように、一九九〇年代末から約一五年にわたって物価上昇率はゼロまたはマイナスというデフレ状態が続いた。「近い将来に経済が正常化すると人々が信じている」とクルーグマンは仮定したが、本当にそう言ってよかったのか。

図２－１　物価水準の動向

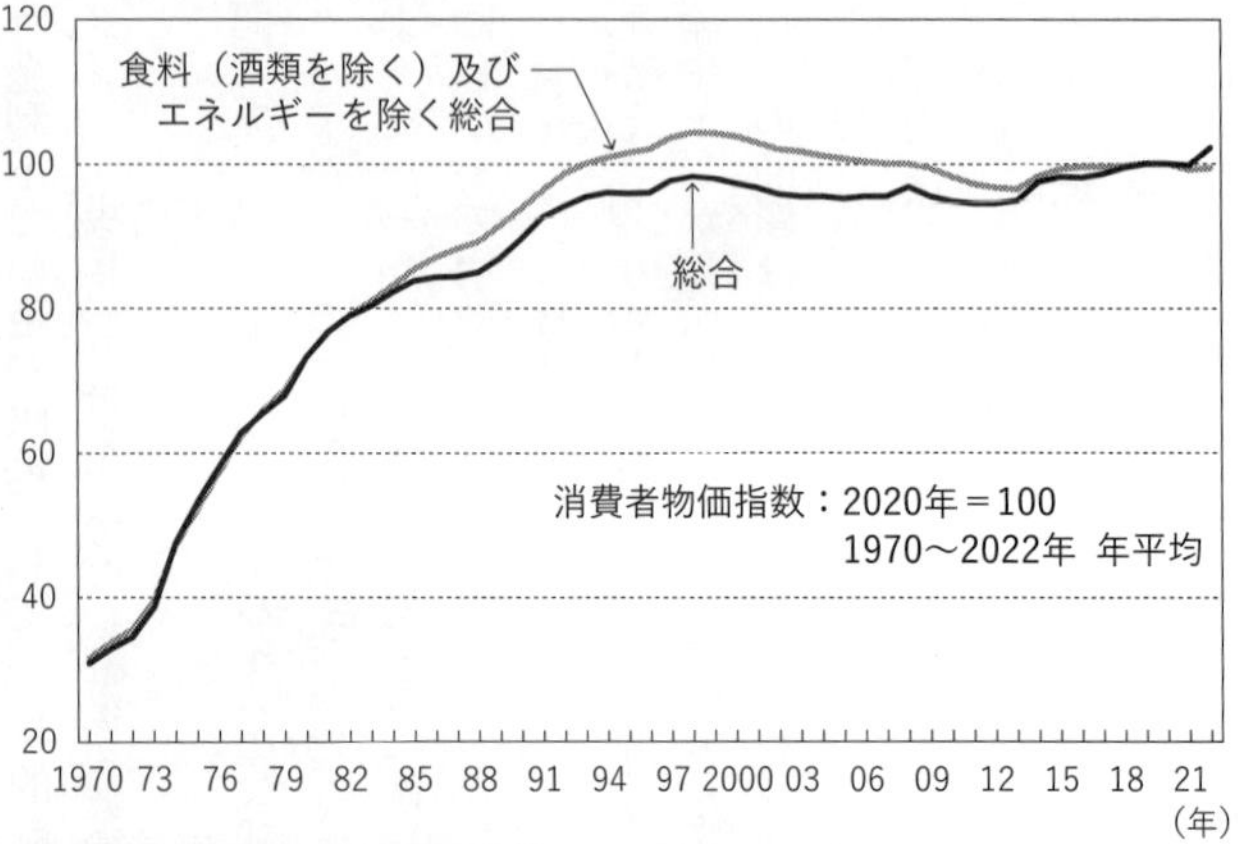

出所：労働政策研究・研修機構「早わかりグラフで見る長期労働統計」

そもそも「デフレは一時的な現象」という仮定が間違っていたのではないか。少なくとも、日本の家計や企業はデフレの長期化を予想していた可能性があり、もしそうだったら、クルーグマン理論が言うように簡単にインフレ期待をコントロールすることはできなくなる。この点は、「インフレ期待の醸成は中央銀行がその気になれば簡単にできる」と考えたリフレ派の議論に重大な疑問を投げかける問題だと言える。

クルーグマンの議論の第二の問題は、「将来の貨幣量や物価水準へのコミットメント」の方法がはっきりしないという点である。前項でも論じた通り、クルーグマンの処方箋（量的緩和とフォワードガイダンス）がうまく行くと考えられたのは、次のロジックが成り立つ、としたからだった。

①近い将来に経済が正常化したときには、貨幣量Mを増やせば、物価水準Pが上昇する
②「近い将来のMが増えること」は、現在の金融政策を無責任に緩和し続ければ、人々に信じてもらえる
③人々が将来のMと将来のPが上昇すると信じれば、現在のインフレ率は上昇する

この①②③の中で、①と③は厳密に成り立つが、②の言明が成り立つことを示す厳密な根拠はない。要するに、「日銀ががんばっている姿を見せれば、国民は信じてくれるはずだ」と言っているにすぎないのである。

このロジックが非常に弱いということは、先にも挙げた例で分かる。人々が、日銀の量的緩和政策を推進する姿を見て「いまは緩和しているが、将来、経済が正常化したら日銀は貨幣量Mを減らすに違いない。だから将来の物価水準Pは上昇しないだろう」と考えたとしても、そのような国民の信念を、いま覆す手立てを日銀は持っていないのである。

このような「いまの日銀は「将来もずっと金融緩和を続ける」と言っているが、将来、状況が変わったら金融緩和を止めてしまうのではないか」という疑念は、経済学の典型的な「時間整合性の問題」である。この問題を解決するためには、日銀が将来になっても約束を破らないと保証する手立て（コミットメント・デバイス）が必要だが、クルーグマンの理論でも、その後のリフレ派の議論でも、そのようなコミットメント・デバイスは提案されていない。将来の日

銀や政府の行動を現在の約束で縛ろうとしても、たとえば法律に約束を書いたとしても、将来、法律を改正されれば約束は破られてしまう。

法律で縛ることも不十分だとすると、将来の日銀の行動を縛るものは、政策関係者に広く共有された強力な「社会規範」しかないと思われるが、クルーグマンやリフレ派の議論は、そのような社会規範を「日銀が「責任を持って無責任な政策をやる」ことで作れる」と考えていた。しかしそれはあまりにも根拠薄弱な議論であろう。

このようなリフレ派の議論は、期待形成の議論としてはあまりにも素朴であった。日本の二〇年間に及ぶデフレの経験は「日銀ががんばりさえすれば国民は信じる」というほど国民の期待形成は単純ではない、ということを立証したといえるだろう。

長期衰退を受け容れた宿命論？

クルーグマンの議論の第三の問題点は、「自然利子率が負である（インフレにならないと名目金利ゼロでも自然利子率を達成できない）」という想定に隠されている。この仮定を言い換えると、「将来のGDPが現在のGDPより縮小する」ということであり、その仮定を所与のものとしたうえで、現在の不況（供給能力に比べて需要が小さい需要不足の状態）を解消するためにどういう政策が必要か、という発想からクルーグマンの議論は始まっている。

その答えが、インフレ率を高めて実質金利をマイナスの自然利子率に近づけるべきだ、というものであり、そのために無責任な金融緩和をいますぐ実施すべきだ、とクルーグマンは主張したのだった。

しかし、何度も繰り返すが、この議論の底流にあるのは「将来の日本のＧＤＰは縮小する」という運命を避けられないものとして受け容れる宿命論なのである。逆に、なんらかの構造改革の政策によって「将来の日本のＧＤＰは拡大する」と人々が信じるようになったとしよう。そうなれば、自然利子率はプラスの値になるので、デフレでゼロ金利の下でも、自然に需要不足は解消する。つまり、無理やりインフレを起こそうとしなくても、将来の経済成長を人々が信じられるようにする「成長戦略」が成功すれば、現在の不況は自然に解消するのである。

不況＝需要不足をもたらしているのが将来の成長期待が低いことであるときに、現在の不況をどうやって脱するかが与えられた問いである。クルーグマンの処方箋は、「将来の成長が低いことはそのまま受け容れつつ、（インフレで）実質金利をマイナスにして現在の需要不足を解消する」であった。それに対する代替案としては、「将来の成長期待を高める改革をして、（デフレ下でも）需要不足が解消するようにする」という政策が考えられる。

日本の将来を真剣に考えれば、後者が本来望ましい政策対応だろう。つまり、成長力を高めるための構造改革を実施することが本筋の政策だったと言える。それなのに、問題を「現時点における需給ギャップ」と小さく捉えて、将来のために何もせず、現在の需給ギャップの解消のための政策を考えることに本当に意味があるのか。理論的にも有効性が不明瞭なリフレ政策に大々的に頼る必要があったのか。現実の日本への政策論としては疑問を感じるのである。

リフレ派の形成

このように、クルーグマンの議論にはいろいろな問題点、というより脇が甘いところがあり、一九九八年春に彼の議論が紹介された当初から、筆者はそれらの問題点が見過ごされていることが気になっていた。当時、筆者はシカゴ大学の博士課程の大学院生だったが、クルーグマン教授にメールを書いた。「"Japan's Trap"に書かれた内容は、仮定を少し変えるだけで結論がまったく違ってくるので、強い政策提言の根拠にするには問題がある」と指摘すると、クルーグマンは返事をくれて、「これはtoy model(おもちゃのモデル)だ」と言った。この答えの真意は分からないが、筆者が勝手に推測すると、"Japan's Trap"はあくまで理論的な可能性を指摘するエッセイであり、本気の政策提言というわけではない、ということのようだった。あくまで手すさびで軽い気持ちで書いた「おもちゃ」にすぎないのだ、ということだろう。

しかし、その後、クルーグマンの議論が日本で大反響を呼ぶと、彼は自分の議論を「おもちゃのモデル」などと呼ぶことはなくなり、いつのまにか立派な経済理論だということになった。"Japan's Trap"は、最初は個人のホームページに掲載されただけのコラムだったが、増補版がブルッキングス研究所から刊行され(Krugman 1998b)、学術論文の体裁も整った。また、クルーグマンと基本的に同じロジックで量的緩和やフォワードガイダンスの有効性を主張する学術論文が著名な経済学者によって次々と発表され、二〇〇〇年代半ばには、名目金利の有効下限（ＥＬＢ）における金融政策の研究はマクロ経済学の一大ムーブメントとなった。

こうした海外の動きに並行して、日本国内ではクルーグマンたちの理論に触発されて日本銀行に対して量的指標によるラジカルな金融緩和政策を採用するように、きわめて強い姿勢で迫る学者や論客の集団ができてきた。当初はインフレターゲット論者、上げ潮派、などとも呼ばれていたが、やがて「再びインフレを起こすこと」を意味する「リフレーション」を主張する集団という意味で、「リフレ派」と呼ばれるようになった。

リフレ派は、二〇〇〇年代に日銀に対して金融緩和をもっと進めるよう常に求め続けた。一九九〇年代に財政・金融政策があまり効かなかったという経験もあり、日本の経済学者の多くは構造改革を主張し、どちらかというとリフレ派に距離を置く人が多かった。二〇〇〇年代を通じて、リフレ派は異端的でラジカルな集団という印象が強かったが、二〇一三年の第二次安倍晋三政権下で、リフレ派に考えが近い黒田東彦《はるひこ》が日本銀行総裁となって風向きは変わり、リフレ派の思想が日本銀行の政策を主導する立場となった。

クルーグマンやバーナンキなど海外の大物経済学者たちも、二〇〇〇年代の初頭を通じて、日本銀行に金融緩和の一層の強化を強く迫り、日本のリフレ派を勢いづけた。二〇〇〇年代のマクロ経済学界ではインフレターゲットを支持する意見が強まっていたのである。インフレターゲットは市場参加者にとって金融環境の予測可能性を高め、そのことが安定した経済活動を生む、とされた。リーマン・ショック直前の二〇〇七年ごろには、マクロ経済政策の黄金律は、以下の二点だというのがコンセンサスビューになった。

①二パーセント程度のインフレターゲットを掲げて、予測可能性の高い金融政策を行うこと
②景気の変動に対しては財政政策による介入は控えること

もっとも、この場合のインフレターゲットは、「インフレ率が二パーセントを超えてきたら金融引き締めを行ってインフレ率を下げる」という意味が強く、日本のように「インフレ率を二パーセントに引き上げるために金融緩和をする」ということはあまり意識されていなかった。この時期は、欧米経済が日本のようなゼロ金利に達することはほとんど想定されていなかった。なお、世界金融危機当時にFRB議長だったバーナンキはインフレターゲット論者だったが、FRBは二〇一二年までインフレターゲットを明示していなかった。

いずれにしても、「インフレターゲットを明確に掲げること」を欧米の著名マクロ経済学者の多くが支持していたので、そのことも日本国内のリフレ派を勢いづけ、日本銀行を圧迫する外圧となった。

クルーグマン反省の弁

ちなみにクルーグマンは、二〇一四年一〇月にニューヨーク・タイムズに“Apologizing to Japan”（「日本への謝罪」）というコラムを掲載し、日本銀行に対して金融緩和の強化を強く迫ったことを詫びる文章を公表している。

ただし、それは、クルーグマン理論が誤っていたと認める謝罪ではなく、欧米の政策当局者は日本よりももっとひどい間違いをした、という趣旨であった。二〇〇八年の世界金融危機の後の欧米の政策失敗（二〇一一年のECBの金利引き上げなど）に比べれば、日本の失敗はまだマシだ、というのであった。

ニューヨーク・タイムズのコラムでクルーグマンが述べた反省は、「現実の政策当局者たちが自分（クルーグマン）の正しい処方箋を受け入れないのは欧米でも同じだった」ということだった。しかし、問題はそれだけではないと筆者は思う。クルーグマンの処方箋に近い量的金融緩和をしても、欧米諸国の人々のインフレ期待が上がることはなく、日本と同様のデフレ・マインドが蔓延した。この点が問題だったのであり、ゼロ金利下限に達してしまうと、金融政策で簡単に人々の期待を変えることはできない、という点をこそ反省すべきだったのである。

なぜ人々のデフレ期待を変えることが難しいのだろうか。本書の立場から言えば、デフレ（物価の下落）が起きるのは、不況（生産活動の縮小や失業の増加）の結果なのであって、やはりデフレは不況を引き起こす原因ではなかった。デフレ期待とは何かというと、その正体は「実質経済成長率が低迷するという低成長期待」であって、低成長期待は金融政策や貨幣量とは直接に関連しない要因で引き起こされている。だから金融政策ではデフレ期待を変えることができないのである。

後の章で述べるように、低成長期待が生まれる理由は、格差拡大（賃金所得のリスクの増大）や、将来的な財政破綻の不安などであると思われるが、どれも金融政策では解決できない問題ばかりである。したがって、低成長への処方箋として金融政策に大きな期待を持つこと自体に無理があった、と筆者は考えている。

3　海図のない航海

伝統的金融政策の限界

バブル崩壊後の一九九〇年代前半を通じて日本銀行は段階的に利下げを続け、一九九五年ごろには銀行の預金金利はほぼゼロパーセントに達した。銀行間の期限一日の資金貸借の金利（オーバーナイトの無担保コールレート。以下、「短期金利」という）も一九九八年にほぼゼロパーセントに達した。消費者物価でみると、一九九九年に戦後初めてデフレとなり、その後は一〇年以上にわたってデフレ基調が続くことになった。

現金保有にはコストやリスクがあるので、マイナス一パーセント〜マイナス二パーセントほどのマイナス金利であれば実現することは可能だ。二〇一六年からは短期金利はマイナスになっている。しかし、金利を大きなマイナス値にすることは不可能なので、一九九〇年代末以降の日本銀行は金利操作による通常の金融政策は事実上できなくなった。

ちなみに、ミルトン・フリードマンなどのマネタリストは、金利ではなく貨幣量を操作変数にする考え方を一九七〇年代から主張していたが、それも、金利がプラスであることが前提になっており、ゼロ金利の状況での金融政策については何も言っていない。

一九九〇年代末の時点では、クルーグマンの新しい議論があらわれていたが、名目金利がゼロになった後の金融政策のあり方についてまだコンセンサスビューは存在しなかった。日銀は、海図のない航海を強いられることとなった。金利という政策手段が使えない環境で、量的緩和などの新しい政策手法を試行錯誤で編み出すことになったのである。

ゼロ金利政策と量的金融緩和政策

まだ銀行危機の真っただ中だった一九九九年二月一二日に、日銀は「ゼロ金利政策」を決定し、短期金利をゼロ近傍に誘導することを宣言した。ゼロ金利政策は二月一五日から実施された。金利をゼロ以下に下げられないという限界に直面し、まず「金利をゼロに固定する」と日銀が公に宣言することで、いわば心理的な緩和効果を狙った政策だったと言える。ゼロ金利の宣言が金融緩和効果を持つかどうかについて、確立した経済学的な根拠があったわけではなく、クルーグマン流の「期待に働きかける金融政策」に類するひとつの政策手法として新たに考案されたのである。

その後、一九九九年三月の公的資本注入を経て、長銀と日債銀の処理にめどがつき、銀行危機は一応の解決をみた。まだ「大物」の不良債権が多数残っていたが、銀行処理にめどがついたことで二〇〇〇年には金融市場も小康状態を取り戻した。

この状況で、二〇〇〇年八月一一日、デフレ懸念の払拭の見通しがついたとして、日銀はゼロ金利政策を解除する（短期金利の誘導目標は〇・二五パーセント）。しかし、不良債権のマグマで金融市場が動揺し、アメリカの景気悪化が顕著になったこともあり、その六カ月後の二〇〇一年二月二八日には短期金利の誘導目標は〇・一五パーセントに引き下げられた。さらに翌三月一九日には短期金利をゼロに誘導するとともに金融調節のターゲットを日銀当座預金残高に変更する「量的金融緩和政策」がスタートした。

量的緩和によって、日銀は金融政策の操作変数を金利から貨幣量（日銀当座預金残高）に切り換えたが、「金利をゼロに固定して、貨幣量だけを増やす」という操作が、金融緩和効果をもたらすという経済理論はまだ存在していなかった。

『マクロ経済学の再構築』（岩波書店）の中で、吉川洋《よしかわひろし》は次のように言っている。たとえば消費税は家計や企業の日々の活動の中で目に見えて、経済行動に影響を及ぼすが、日銀当座預金残高の数字は、ほぼすべての家計や企業にとって、なんの関心もない日銀の会計上の数字である。日銀の当座預金がどうなろうが、ほとんどの人の生活や事業に対して、なんら直接の影響を及ぼすことはない。そのようなものの変化が人々のインフレ期待を変えるという現実的な根拠はない、と吉川は主張した（吉川2020）。このように、理論的根拠がないという見方も強い中、量的緩和は、貨幣量という「シグナル」を変えることで人々の期待を直接的に変えていこうとしたのだった。また、日銀は「消費者物価指数の上昇率が安定的にゼロパーセント以上となるまで量的緩和政策を続ける」と約束した。

その後、日本経済は二〇〇二年二月から緩やかな景気回復が始まった。景気回復期は二〇〇八年三月まで続いたが、その間、短期の現象と想定されていたデフレから脱却することはできず、物価は緩やかに下落基調を続けた。二〇〇三年三月二〇日に、日本銀行総裁は速水優から福井俊彦に交代し、金融政策の正常化に向けた模索が続いた。そして、デフレ脱却の兆しが見えたとして、二〇〇六年三月九日に量的緩和政策は解除された。この間の経緯を振り返ると、二〇〇五年春に不良債権問題の正常化宣言がなされ、ようやく不良債権の償却が完了して金融システムの安定性が回復した。その結果、日本経済に蔓延していた過剰債務や倒産をめぐる疑心暗鬼も晴れつつあった。二〇〇六年のデフレ脱却の兆しは、そうした状況変化によってもたらされたものであった。

世界金融危機からアベノミクスへ

しかし、日本経済がバブル崩壊後一五年でようやく正常化しつつあったちょうどそのころ、世界の金融市場は変調をきたし始めていた。詳しくは次章に譲るが、二〇〇六年にアメリカの住宅バブルが弾け、住宅価格の下落が始まった。二〇〇七年夏には欧州で金融不安が広がり、二〇〇八年にはついに世界金融危機が勃発した。

量的緩和解除後、無担保コールレートが金融政策の操作変数に戻り、一時〇・五パーセント程度にまで上昇したが、世界金融危機を経て、二〇〇九年からは〇・一パーセント弱に誘導され、黒田体制の異次元金融緩和が始まる二〇一三年三月までその水準が維持された。二〇〇六年以降、日銀の資産規模は微減していたが世界金融危機を境に微増した。興味深い点は、世界金融危機や二〇一一年の東日本大震災があったにもかかわらず、アベノミクスが開始される直前の二〇一二年一一月（一五六兆円）まで、日銀のバランスシートの大きさは、量的緩和時代のピーク（二〇〇五年一二月の一五五兆円）を超えることはなかったということである。量的緩和時代に膨張した日銀のバランスシートを正常化しようとする白川方明総裁時代の日本銀行の強い意思がうかがえる。

二〇一二年一二月二六日に自民党が政権与党を奪還し、第二次安倍晋三政権が発足すると、政権から日銀に対して金融緩和を求める圧力が強まった。安倍首相はもともとリフレ派の見解を強く支持し、二〇一二年一二月の総選挙でも、大胆な金融政策によるデフレ脱却を訴えて勝利した。日銀への緩和圧力が強まるのは当然のことであった。

まず、安倍政権は日銀に対してインフレターゲットの明示を求めた。白川体制の日銀と安倍政権の交渉の結果、二〇一三年一月二二日に政府と日銀の共同声明（いわゆるアコード）が公表された。ここでは、日銀は初めて「二パーセントのインフレ」というインフレターゲットを政策目標として明示した。安倍政権は二年間でインフレターゲットを達成することを求め、二年間という期限を共同声明に書き込むことを求めたと言われるが、交渉の結果、期限の明記は回避され、二パーセントのインフレ目標は「できるだけ早期に実現」することを目指すとされた。

異次元金融緩和の一〇年

安倍政権が打ち出したアベノミクスの三本の矢は、「大胆な金融政策」「機動的な財政政策」「民間投資を喚起する成長戦略」だが、主力である第一の矢の金融緩和を実施させるため、安倍首相は自身と同じくリフレ派の政策思想を持つ黒田東彦元財務官を日銀総裁に据えた。二〇一三年三月二〇日に就任すると、黒田総裁は四月の金融政策決定会合で金融政策の操作変数を白川体制での金利から貨幣供給量（マネタリーベース）に変更することを決め、新たな金融政策である「量的・質的金融緩和」を開始した。

この政策は、「マネタリーベースを二倍にし、二年で二パーセントのインフレを達成する」

というわゆる「2・2・2」を公約とするもので、黒田総裁自身が「異次元の金融緩和政策」と名付けた。異次元の金融緩和が始まってから、インフレ率がマイナスになることはなくなり、日本経済は、デフレではない状態になった。日本経済は二〇一二年一一月から一八年一〇月まで景気拡大期であったが、しかし、この間にインフレ率が二パーセントの目標を達成することはなかった。日銀は異次元緩和をテコ入れするため、二〇一六年一月にはマイナス金利付き量的・質的金融緩和を導入し、日銀当座預金の一部分について、金利をマイナス〇・一パーセントに設定した。これにより、金融機関は日銀当座に資金を置くと金利を取られることになるため、資金を企業などへの貸出に回し、経済活動が活性化することが期待された。

さらに、二〇一六年九月には、長短金利操作付き量的・質的金融緩和が始まった。これは、同年一月の短期金利をマイナス金利にする措置に加え、長期金利（一〇年物国債の利回り）をゼロパーセント近傍に誘導する長短金利操作（イールドカーブ・コントロール、YCC）を導入するものである。さらに、二パーセントインフレ目標が安定的に達成されるまで、マネタリーベースの拡大を続けると約束する「オーバーシュート型コミットメント」も導入された。つまり、二パーセントインフレが達成されてもすぐに金融引き締めをするのではなく、二パーセントをじゅうぶんに超えてインフレ率が上がるオーバーシュートが起きるまで、金融緩和の拡大を続ける、と約束したのである。

こうした異次元緩和を一〇年間にわたって続けても、安定的に二パーセントインフレを達成することはできなかった。その後、コロナ禍を経て、ウクライナ侵略が始まった二〇二二年には世界的にインフレが進行した。欧米諸国は大幅な利上げに踏み切り、異次元緩和を続ける日本との金利差が際立つようになったため、円安が進んだ。円安と資源価格の高騰などのため、日本でもコストプッシュ・インフレが進行し、二〇二二年度には消費者物価指数のインフレ率は四パーセントに達した。海外との金利差から長期金利に上昇圧力がかかり、日本銀行は二〇二二年一二月二〇日に、一〇年物金利を〇・二五パーセントから〇・五パーセントに事実上利上げする政策変更を行った。さらに、二三年七月二八日には一・〇パーセントを上限として容認した。その上限も、一〇月三一日には事実上、撤廃された。しかし、二〇二二年から二三年にかけてのインフレは輸入品価格の上昇が主要因のコストプッシュ・インフレであるため、日銀は現状を二パーセントインフレ目標の達成とは認めておらず、なお緩和を継続する慎重姿勢を示している（二〇二三年一〇月現在）。

4　デフレ論争の第二フェーズ——長期デフレ均衡

デフレの長期化

日本銀行が二〇〇〇年代に実施したゼロ金利政策、量的緩和政策は、「デフレ（物価下落）

は短期的現象」という暗黙の前提に立っていた。一九九〇年代末の銀行危機の後遺症で経済が収縮し、デフレになっているのであり、銀行危機の影響が収まればデフレも終わると暗黙に想定されていたと思われる。

ところが、インフレ率がマイナス基調の状態は一九九〇年代末から二〇一三年のアベノミクス開始まで一五年程度も続いた。二〇一三年からコロナ禍が始まる二〇二〇年までの時期もインフレ率は一パーセントという低インフレ時代が続いた。

デフレが一〇年以上も続くことは、クルーグマンらの短期デフレの理論やリフレ派が懸念したデフレスパイラルの議論では説明がつかない。二〇一〇年代には、「長期的な均衡状態としてのデフレに経済が陥ることもある」というデフレ均衡の理論が、デフレ問題を考える理論的フレームワークとなってきた。

アメリカ経済が長期的なデフレ均衡に陥るリスクについて論じたものとしては、セントルイス連銀総裁のジェームズ・ブラードの二〇一〇年の論文「「危機」の七つの顔」が有名だが、デフレ均衡の理論的な枠組みは、ニューヨーク大学（当時）のジェス・ベンハビブらの二〇〇二年の論文「流動性の罠の回避」で確立している（Bullard 2010, Benhabib et al. 2002）。次項で説明するが、数式が苦手な方は読み飛ばしていただいても構わない。

デフレ均衡の理論

図2－2　デフレ均衡の理論：名目金利ゼロがデフレの原因

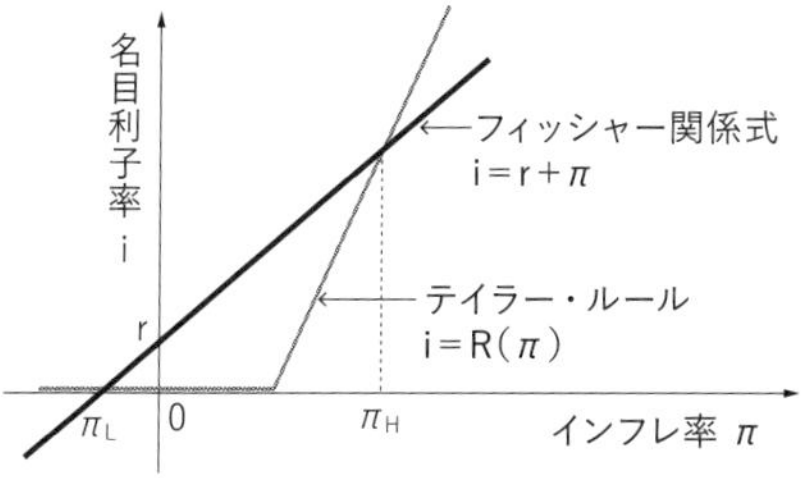

ベンハビブらの理論は以下のようなものである。まず、インフレ率πと名目利子率iの関係を描いた図2－2をみてほしい。これは二つの曲線（後述のフィッシャー関係式とテイラー・ルール）の交わりによって、二つの均衡（インフレ均衡とデフレ均衡）が発生することを示している。

実質利子率rの定義は、名目金利iから期待インフレ率πを差し引いたもので近似できるので、式で表すと「r＝i－π」となる。式変形すると、図のフィッシャー関係式、すなわち「i＝r＋π」という式になる。

実質利子率rは資本の限界収益率などにもとづき、市場の競争の結果として決まる。金融政策や財政政策ではrに短期的に影響を与えることはできても、rを長期的には動かせない。我々は長期の均衡に興味があるので、実質利子率rは一定であると仮定する。すると、フィッシャー関係式（i＝r＋π）は図2－2の太い四五度線、すなわち、πが一単位増えればiも一単位増える、という関係を示す直線になることが分かる。

一方、テイラー・ルールとは、主要国の中央銀行が暗黙に採用しているとされる金融政策のルールである。図2−2の細い右上がりの直線が通常のテイラー・ルールを示している。つまり、中央銀行がターゲットとしているインフレ率（π_H）の周辺で、インフレ率πが一単位増えた場合、インフレを抑えるために名目利子率iを一単位以上に大きく引き上げる。またインフレ率πが一単位減ったら、インフレを回復させるために、名目利子率iを一単位以上に大きく引き下げる。つまり、インフレ率をターゲットの近傍で安定させるために、名目利子率をインフレ率の変動に大きく反応させる、というのがテイラー・ルールである。

したがって、通常のテイラー・ルールは、図の細い直線が示すように、四五度よりも傾きが急な右肩上がりの直線で表現される。さらに、金融政策の限界として、「名目利子率iはゼロよりも下に下げることはできない」というゼロ金利制約がある。この制約は、図の細い水平線で表現される。これらを組み合わせて、ゼロ金利制約つきのテイラー・ルールは、逆L字型の細い屈折線（水平線から右肩上がりの直線につながる屈折線）になる。

長期的なインフレ率πと名目利子率iは、フィッシャー関係式の線（傾き四五度の太い線）とゼロ金利制約つきのテイラー・ルール（逆L字型の細い屈折線）の交わる点で決まる。図から分かる通り、交点は二つある。ひとつはフィッシャー関係式の線と通常のテイラー・ルールの線（右肩上がりの細い線）が交わる「インフレ均衡」である。ここでは、インフレ率は中央銀行のインフレ目標に一致していて、名目利子率はプラスの値である（すなわち、$\pi=\pi_H$、また、$i=r+\pi_H$）。これは中央銀行が目指す正常な「インフレ均衡」である。

ところが、同じインフレ目標（π_H）と金融政策ルール（テイラー・ルール）で中央銀行が政策を運営していても「デフレ均衡」が実現することもある。それは、図2－2の左側の交点である。つまり、フィッシャー関係式の線とゼロ金利制約の線との交点である。そこでは、名目利子率はゼロ（$i=0$）である。フィッシャー関係式（$i=r+\pi$）で名目利子率がゼロだから、「$0=r+\pi$」となり、インフレ率πは、「$\pi=\pi_L=-r$」となることが分かる。

つまり、デフレ均衡では、中央銀行が名目利子率をゼロに固定している一方で、実質利子率rは市場競争の結果プラスの値になるので、インフレ率はマイナスの値にならざるを得なくなるのである。中央銀行は、プラスのインフレ目標（π_H）を持っているが、名目金利がゼロになったら、それ以上の金融緩和はできないので、名目金利をゼロのままにするしかない。そのため、いったん「デフレ均衡」に入ってしまうと、名目金利をゼロから動かせなくなり、そこから抜け出せなくなってしまうのである。

このデフレ均衡理論が興味深い点は、中央銀行がプラスのインフレ目標を持っていても、テイラー・ルールで金融政策を運営している場合いったん名目金利がゼロになり、そのときのインフレ率がインフレ目標を下回っていたら、（中央銀行は金融緩和を続けたいので）名目金利をゼロから動かせなくなってしまうということである。そして今度は、中央銀行が名目金利をゼロから動かさないため、フィッシャー関係式を通じて、実際のインフレ率πがマイナスの値になってしまう（$\pi=-r<0$）。

すなわち、「中央銀行がゼロ金利政策を長く続けると、その結果としてデフレが続く」という可能性が示されるのである。

デフレ均衡理論の矛盾点

ここまで説明したベンハビブたちのデフレ均衡理論はストレートなロジックでできていて、経済学的に非常に分かりやすい。「フィッシャー関係式」と「ゼロ金利制約つきのテイラー・ルール」の二つのグラフの二つの交点がインフレ均衡（$\pi_H>0$）とデフレ均衡（$\pi_L<0$）を生み出す、というシンプルな理論である。長期デフレまたはゼロ金利が長期間続いている状況での金融政策、すなわち「非伝統的金融政策」の分析は、大抵の場合、ベンハビブたちの理論をベースにしてモデルが構築されている。

ただ、ベンハビブたちのデフレ均衡理論が現実と合わないと思われる点がひとつある。それは「デフレ均衡においては貨幣量が減り続ける」という予想がデフレ均衡理論から出てくることである。日本のデフレにおいても、米欧の世界金融危機後のゼロ金利／マイナス金利の状況においても、中央銀行は貨幣供給量を増やし続けた。現実世界では、「貨幣供給量が増え続けたのにデフレが続いた」のである。

デフレ均衡理論がなぜ貨幣量が減ると予想するのか、少し詳しく見てみよう。物価Pと貨幣量Mは貨幣数量説の式PY＝MVを満たす。ここでYは実質生産高（実質GDP）、Vは貨幣の流通速度である。PYは名目GDPである。ここで、経済が定常状態になったとすると、YもVも定数だと考えてよい。すると、デフレでPが減るためには、貨幣量Mが減らざるを得ないということになる。デフレとは貨幣の価値がモノやサービスの価値に比べて上昇することだから、デフレ均衡で貨幣量が減り続ける、という予想は意外ではない。

意外なのは現実のほうであり、二〇一〇年代、日本や米欧が貨幣量を極端に増やしているにもかかわらず、デフレ均衡から抜け出せなかったのである。この事実は、ベンハビブのデフレ均衡理論に反するように見える。理論の予想では、貨幣量Mが増え続ける定常状態では、物価Pは上昇するはずだからである。

なぜ貨幣量が増えるのにデフレが続くのだろうか。

ひとつの説明は、「遠い将来についての人々の期待は、政策当局の思ったようにはならないから」というものだ。理論の要請（専門用語では横断性条件という）では、PY＝MV（ただしYとVは定数）という関係が成り立つのは遠い将来であっても構わない。いま物価Pが下がって貨幣Mが増えるという状況が続いていても、「いずれ将来、政策当局が貨幣量Mを減らすので、将来的には低い物価Pと釣り合うはずだ」という期待があれば、現状のデフレと貨幣量拡大の共存は理論と矛盾するとは言えなくなる。あるいは「いま物価Pは下がり続けているが、いずれ将来、Pは急上昇して大きなMと釣り合うはずだ」という期待があれば、現状は理論と矛盾するとは言えなくなる。

しかし、そうであれば貨幣Mを増やしても物価Pがすぐに上がるとは限らないということになる。すると、「貨幣Mを増やす政策で人々の期待を変えてインフレを実現する」という処方箋がそもそも成り立たないということになる。クルーグマンたちの議論は「貨幣量Mを増やせば「物価Pが上がる」と人々は信じる」ということが出発点だった。だから貨幣Mを増やして価格Pを上げよう、という処方箋を言ったわけだが、現実には「いま貨幣Mが増えても、将来、貨幣Mは減るかもしれない」と人々が思うならデフレは終わらない。または「物価Pは、いまは上がらなくても、遠い将来になれば上がって大きな貨幣量Mと釣り合うだろう」と人々が思う場合も現在のデフレは終わらない。リフレ政策が狙ったように人々の期待を誘導できるとは限らないのだ。

デフレ均衡理論と現実の齟齬《そご》は、「期待を操作することの難しさ」を物語っている。

日本のリフレ政策への含意

デフレ均衡の理論からでてくる政策処方箋はどうなるだろうか。金融政策としては、短期デフレを想定して提案された非伝統的金融政策と同じもので対応するしかない。リフレ政策、つまり、ゼロ金利下で貨幣量Mを拡大する政策であり、日銀の量的緩和（貨幣量Mの拡大）やフォワードガイダンスがそれにあたる。フォワードガイダンスとは「長期的に金融緩和を続ける」と中央銀行が約束することであり、日銀のオーバーシュート型コミットメントがその一例である。

以下は基本的に前項で論じたことの繰り返しだが、このようなデフレ均衡理論の政策処方箋も、結論的には効果にあまり期待は持てない。

リフレ政策が効くとされた理由は、「貨幣量Mがこれから将来的に増え続ける」という期待を人々が持つようになれば、デフレ均衡（π_L）に経済はとどまれなくなる、とされたからだった。前項で論じたように、デフレ均衡では貨幣量Mは減り続ける必要があるから、「Mが増え続ける」と人々が信じれば、経済はデフレ均衡にとどまることはできなくなる。ちなみに、ベンハビブたちの長期デフレ理論では、貨幣量Mだけでなく政府債務（国債）を増やすことも同じ効果を持つので、「国債発行による積極的財政政策」も、デフレ脱却に有効だとされた。

しかし、リフレ政策で貨幣量Mや国債残高を増やしても、人々が「貨幣量Mがこれから増え続ける」と信じるとは限らない。前項で論じたように、「貨幣量Mは、いまは増えているが、遠い将来のある時点で、一気に減らされるだろう」と人々は信じるかもしれない。そういう期待が生まれればデフレ均衡から抜け出せないし、また、そういう期待が生まれないように政策当局が人々の心をコントロールする確実な政策手段は見あたらない。

クルーグマンの短期デフレの理論でもそうだったが、貨幣量Mを増やすリフレ政策が効くとされた理由は、「名目利子率をゼロに固定したままでも、中央銀行が人々の「期待」を好きなように変えられる」と仮定しているからだった。これは、ベンハビブの長期デフレ理論でも同じである。しかし、貨幣量Mが増えても物価Pが上昇しないという現実が示しているのは、この仮定が現実には成り立たないということである。「中央銀行が想定するような期待を人々が持つとは限らない」ということが過去二〇年あまりの日本銀行による非伝統的金融政策の実験で示された重要な事実ではないだろうか。

5　何が問題だったのか――リフレ政策の副作用

リフレ政策は経済成長率を上げない

短期デフレ理論（クルーグマンたち）も、長期デフレ理論（ベンハビブたち）も、物価上昇を引き起こせば経済成長率が恒久的に上がる、とは実は一言も言っていない。このことは、一般の政策論議の中であまり認識されておらず、金融緩和でインフレになれば経済成長率が恒久的に上がる、というイメージが日本の経済論壇では広がっていたように思われる。

短期デフレ理論では、長期的に縮小する経済において、一時的に需要が供給よりも小さくなる「需要不足」が起きているときに、金融緩和で需要不足を一時的に緩和することが議論の目的になっている。経済成長率を恒常的に引き上げることは、そもそも議論の目的に入っていない。需要不足を緩和するという目的は、一般的なマクロ経済学の教科書に書かれているケインズ経済学の目的とまったく同じである。短期デフレ論が普通のケインズ経済学と違うのは、「名目金利がゼロになって、これ以上、金利を下げられない環境で考える」という点だけである。クルーグマンやその他の経済学者による非伝統的金融政策の研究が言っているのは、「リフレ政策（非伝統的金融政策）を実施すれば、「一時的な需要不足」を緩和することができる」ということである。経済成長に長期的に影響を与えることは想定されていない。

リフレ政策を続けても「長期的な低成長」が解消しないのは当然というべきで、成長率を上げるためには、低成長をもたらしている構造的な問題（たとえば労働市場の規制）を直す必要があるのであって、金融政策でなんとかなる話ではない。

ベンハビブたちの長期デフレ理論では、そもそも実物経済の生産量は、最初から金融政策と無関係だと仮定されている。デフレ均衡の理論は、インフレ率が高い均衡（π_H）とデフレの均衡（$\pi_L = -r < 0$）が存在する、と言っているだけで、金融政策によって経済成長率を変えられないことは大前提である。どちらの均衡も、経済成長率は同じと仮定されているのだ。長期の低成長については、やはり、低成長をもたらしている構造的な問題を直していく必要があり、それに対しては、いくら非伝統的な手法を使っても金融政策ではどうにもならない。

近年は、中長期的な経済成長率や生産性の上昇率を向上させる効果が、金融緩和政策にはあるのだと主張する研究もある。しかし、これは特定のデータの実証分析の結果からの主張であり、コンセンサスにはなっていない。また、なぜ金融緩和が経済の生産性を向上させるのか、納得できる理論的説明もない。

いまのところのコンセンサスビューは、非伝統的なリフレ政策であっても伝統的な金利操作であっても、金融政策には長期の経済成長率を変える力はないだろう、ということである。

では、金融政策の問題でないとしたら、なにが経済成長率を低下させているのだろうか。詳しくは、第5章で論じたいが、次のような原因が考えられる。

①まず、第1章で論じたように、バブルの後遺症（不良債権処理の遅延による後遺症）が九〇年代から二〇〇〇年代にかけて長引いたこと。具体的には、日本企業の人件費削減によって非正規雇用が増加し、「人的資本の劣化」が二〇〇〇年代から二〇一〇年代にかけて長年の傾向として進んだこと

②公的債務の蓄積が、一九九〇年代から二〇二〇年代まで増加の一途をたどっていることから、財政や社会保障制度の持続性について「将来不安」が高まっていること

③低金利環境の長期化が、低生産性企業の生き残りを容易にするなどして経済成長率を低下させていること

これらの要因が複合的に作用していることが考えられる。こうした問題に対する望ましい対

応策についても、第5章で考察する。

期待を直接的に変えることの困難

これまでの四半世紀のゼロ金利／マイナス金利の環境での新しい金融政策の実験で、リフレ政策が二パーセント程度のインフレ率を安定的に実現することはできなかった。このことをどう理解するべきか。一言で言えば、「多数の人々が抱く「期待」を、当局の思う通りに動かすことはできない」ということではないだろうか。為政者が国民の心を思い通りに動かすことなどできない、というきわめてまっとうな教訓であるように思える。

貨幣数量説の式PY＝MVを使ってこの教訓を振り返る（Pは物価、Yは実質GDP、Mはマネタリーベース、Vは貨幣の流通速度）。クルーグマンたちのリフレ的議論の問題点を単純化して言えば、PY＝MVの式で「貨幣速度Vは一定だ」と仮定していた点に間違いがあったということができる。Vが一定ならば、中央銀行が貨幣量Mを増やせば（PY＝MVの式で）物価Pが大きくなる。つまり、Vが一定という仮定を置けば、「貨幣量Mを増やせばインフレが起きる」という結論になる。

ところが、現実経済で起きたことは「貨幣速度Vは政策に反応して変化した」という事実である。日本銀行がマネタリーベースMを増やせば増やすほど、それに反比例するようにVが低下し、MVは増えなかった。結果的に、物価Pも上がらない、というデフレまたは低インフレの状態が続いた。

なぜ貨幣の流通速度Vが低下するのかというと、まさに期待が当局の思ったものと違う方向に変化したからだ。当局は「貨幣量Mが増えたから物価Pは上がるはずだ」と人々に期待してもらいたかった。しかし、現実には「貨幣量Mは増えたが、それは将来のリスクを増やす（だから、いざというときに備えて貯蓄しよう）」と人々は考え、貨幣を蓄えたので、貨幣は市場を流通せず、流通速度Vが低下した。いまMが増えることで、将来（いざというとき）のリスクが高まると人々が考えたなら、Mが増えるのに反比例してVは低下する。現実に起きたことは、もっと複雑な事柄の連鎖だが、非常に単純化すれば、「当局が動かしたい方向と違う方向に人々の期待が動いた」ために流通速度Vが下がったということである。

リフレ政策の副作用

教科書的な理解では、強力な金融緩和政策は短期決戦型の政策だと暗黙に想定されていた。黒田総裁が「二年で二パーセントインフレを達成する」といったのも、短期決戦で成果が上がるはずだという想定に立っていた。

ところが（異次元緩和が始まる前からのゼロ金利政策、量的緩和を含めると）四半世紀に及びゼロ金利／マイナス金利の環境が続いた。何十年も名目金利をゼロやマイナスに固定することは、教科書は想定しておらず、ベンハビブたちのデフレ均衡理論でようやく理論的に論じられてい

図2－3　日本と主要国の公的債務残高対 GDP 比率の推移

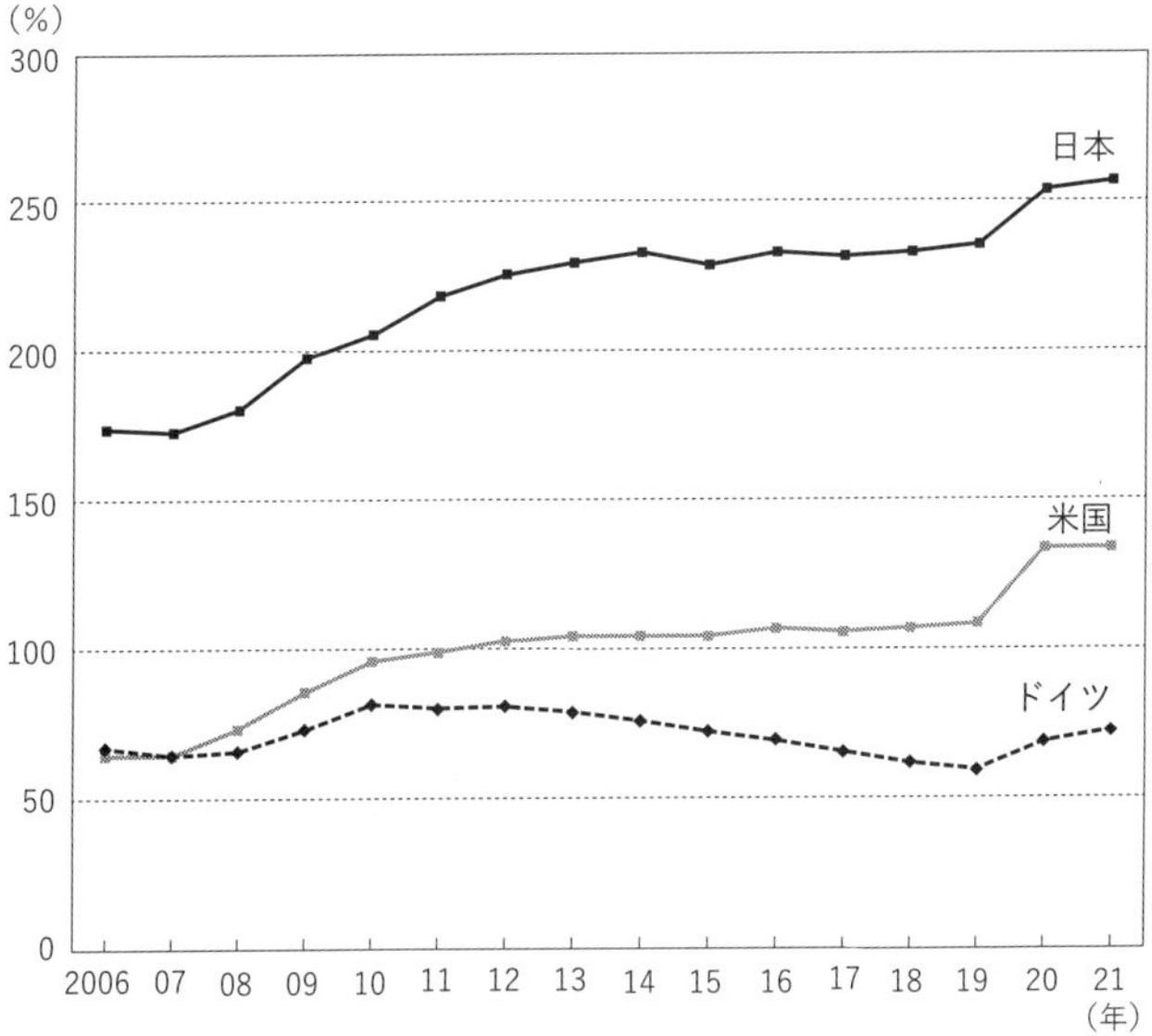

出所：財務省ホームページ

るにすぎない。現実の日本では、この間にリフレ政策の副作用というべき現象が生じている。二つ挙げるならば、「財政規律の緩み」と「民間の過度なリスク回避の助長」である。

第一に、「財政規律の緩み」について見ると、特に二〇一三年からの異次元金融緩和の一〇年で、長期金利の低下によって、国債の元利払いの負担は軽減し、公的債務の対GDP比率の増加傾向は止まった（図2－3を参照）。債務膨張が止まった、という状況によって、与野党政治家や各省庁（財務省以外）の政策担当者の頭からは財政への心配が一気に薄れることになった。

しかし債務増加の頭打ちは、自然に起きた現象ではなく、異次元緩和によって長期金利が低下したために起きた。異次元緩和は、当初二年の短期戦と想定されたように、そもそも永続できない政策なのだから、その効果で債務増加が止まったことは、「財政の持続性が回復した」ということをまったく意味しない。金融政策がいずれ正常化されれば、いまゼロ近傍の長期金利はプラスの値になり、公的債務は再び上昇するだろう。ところがそんな予想は政治家や政府の頭からは消え、コロナ禍の中でバラマキ的な財政支出増に歯止めが利かなくなった。二〇一三年に異次元緩和が始まる前に結ばれた政府と日銀の共同声明の想定では、日銀が金融緩和で二パーセントインフレ目標に向けて努力するのと同時に、政府は持続的な財政構造を実現するべく、財政改革に努力するはずであった。ところが、金融緩和で、公的債務の利払い負担が減ると、財政規律が緩んで、まったく財政健全化への動きは止まってしまったのである。

二つ目の副作用「民間の過度なリスク回避の助長」とは、「低金利のおかげで、収益性が低い事業であってもリスクが小さければ必ず借金を返済できるので、多くの日本企業が低リスク・低収益の事業ばかり続けるようになった」という、いわゆるゾンビ事業の蔓延である。この話は日本のビジネス界、金融界で長年言われてきたことである。企業経営者の行動目的が収益を上げることよりも、債務のデフォルトを回避することや会社の存続である場合には、高リスク・高収益の事業は敬遠されることになる。期待収益は高くても、リスクが高ければ、一定の確率でデフォルトが起きるからだ。そうなれば会社の存続（または自分の老後の安泰）が脅かされる。会社の存続などを最優先する日本の経営者は、低リスク・低収益の事業という選択肢がある場合には、収益性は低くても、あえて冒険をせず、そちらを選ぶ。

重要なポイントは、日本銀行の続けてきた金融緩和政策が、企業経営者にとって、低リスク・低収益の事業を続けることを可能にしていたという点である。日銀の政策の結果、企業経営者は低金利で資金を借りられるからこそ、低収益であっても会社が存続できる。もしも、金利が高ければ、低収益事業を行っている企業は借金の返済に行き詰まって存続できなくなる。つまり、金利が高い環境では、低リスク・低収益事業を続けることは、企業経営者の選べる選択肢に入らない。高金利環境では、低リスク・低収益事業は、自然と淘汰されて減っていく。逆に、日銀の金融緩和で低金利環境が続くからこそ、日本経済にゾンビ事業が蔓延できるのである。その結果が、低い生産性の伸びであり、長期経済停滞なのである。

このように金融緩和が想定外に長期化したことによって、財政規律が失われ、ゾンビ事業が蔓延し、結果的に長期的な経済低迷が助長されると考えられる。景気を活性化するための金融緩和が、経済を停滞させるという副作用が起きているのである。第5章でも論じるが、二〇二一年ごろから、「低金利政策が長期化すると経済成長率を低下させる」と主張する海外の経済学者の研究が増えている。低金利が長期化することに副作用があるという可能性に、いまようやく多くの人が気づき始めている。

リフレ政策をめぐる論争はなんだったのか

一九九〇年代末に巻き起こったリフレ政策の議論は、一〇年間、経済論壇で影響力を拡大し、二〇一二年末からのアベノミクスの時代に政権の経済政策の基本哲学となった。そして黒田日銀総裁の一〇年間が終わり、植田和男総裁の新体制は、おそらくリフレ派思想から一定の距離を置いた政策運営に変わるものと思われる。この間のリフレ論争の意味はなんだったのか。

一九九〇年代にさかのぼって考えれば、そもそもリフレ論に希望が託された理由は、財政政策が限界だとされたからだった。九〇年代に事業規模で総額七〇兆円にも及ぶ財政政策が実施され、それでも経済の低迷が続いた。九〇年代の一〇年間続いた景気対策と銀行危機への公的資金投入によって、日本の財政は限界だと誰もが思っていた。

財政政策をこれ以上に拡大するのは無理で、伝統的な金融政策（金利の引き下げ）もゼロ金利の壁にぶつかって動かせない。そこで、リフレ政策で景気が良くなるのではないかという期待が集まった。リフレ派の当時の主張を要約すれば、おおよそ次のようになる。

①インフレ／デフレは貨幣的な現象だから、貨幣量を変更する政策すなわち金融政策だけでデフレ（物価下落）から脱却できる

②緩やかなインフレ（物価上昇）が起きれば、生産や雇用も増えて経済成長率も恒久的に高ま

る

　ただ、①はクルーグマンの理論のように、一定の経済学的根拠があるかのように思われたが、②はそもそも金融政策が経済成長率を上げることは想定されていないことを考えると、根拠は薄弱だった。インフレ環境になれば日本経済の本来の成長力が発揮されるということかもしれないが、じゅうぶんな理屈や根拠がある議論とは言えない。

「マネーを増やす非伝統的金融政策で緩やかなインフレを起こし、景気回復ができる」と主張してリフレ政策が実施されたが、アベノミクスの一〇年間で二パーセントインフレは達成できなかった。インフレ目標が達成できなかったこと、さらに経済成長率も上がらなかったことの理由として、リフレ派の論者は「消費税の増税があったからだ」とか「財政政策が足りなかったからだ」というようになった。

　この弁明は、きわめて不可解である。そもそも九〇年代末に財政政策は限界に達したと考えられたから、「財政政策をしなくても金融政策だけで景気を回復できる」と主張するリフレ派が台頭したのである。ところが、リフレ政策が失敗すると「財政政策が足りなかったから」だという。まったくリフレ派の存在意義を否定するような言説である。

　もし財政政策が足りなかったからデフレ脱却や景気回復が遅れたというのなら、そもそもリフレ政策などやらずに二〇〇〇年代初めから二〇二〇年代まで、ずっと財政拡大を続けていればよかったではないか。ゼロ金利の環境（流動性の罠）では「財政政策によってデフレから脱却できる」というほうが、マクロ経済学の教科書通りの処方箋だし、リフレ派のような新奇な議論を持ち出さなくても誰もが納得しただろう。問題は、「財政赤字は限界だからこれ以上の財政政策は無理だ」という見方が二〇〇〇年代初頭にはコンセンサスになっていた、ということだ。

また、もちろん、財政政策も「需要不足の穴埋め」しかできないのであって、経済成長率を恒久的に引き上げるような効果はない。かりに財政政策を二〇〇〇年代以降も大幅に拡大していたとしても、日本経済が高成長のトレンドに移行するようなことはなかっただろう。

結局、この二〇年のリフレ論争が示していることは、財政政策や金融政策というマクロ経済政策は日本の低成長を脱却するための魔法の杖にはならないという、もともと分かっていたことの再確認にすぎないのではないだろうか。

第3章　世界金融危機
――マクロ経済政策の世界的変化

1　大いなる安定から大不況へ――アメリカ経済の三〇年

累積債務危機とS&L危機――一九七〇年代～一九八〇年代のアメリカ

二〇〇八年から二〇一二年にかけての時期は、米国発の世界金融危機と欧州債務危機が連続した危機の時代であった。世界金融危機とその後のマクロ経済政策論争は、日本の経済政策にも深い影響を与えた。

主に日本のマクロ経済政策に焦点を当てた本書の観点からも、世界金融危機をめぐる経済学と経済政策の動きを記述することはきわめて大きな意義がある。まず本節では、世界金融危機にいたるまでの三〇年間のアメリカ経済の動きを追っていく。

一九八〇年代のアメリカ経済を揺るがした問題として、中南米諸国の累積債務危機と国内のS&L危機がある（S&LはSavings and Loansの略称。住宅ローン専門の中小規模の貯蓄金融機関であり、貯蓄貸付組合と訳される）。これらの危機の萌芽は、一九七〇年代にあった。

一九七〇年代、産油国のオイルマネーを運用する欧米金融機関が、中南米諸国の開発融資に傾斜した。また、中南米諸国がドル建てで借り入れることを一九七〇年代のアメリカの低金利政策が後押ししていた。つまり、アメリカの低金利政策が続くことを前提にすれば、中南米諸国は国内の経済開発に外国銀行からのドル建ての借入れを使い、低金利で返せば採算がとれるという計算が成り立っていた。

しかし、一九七〇年代のアメリカは、慢性的な物価上昇（インフレーション）と不況（スタグネーション）の共存という「スタグフレーション」に悩まされていた。スタグフレーションを解決するため、のちにインフレファイターと呼ばれたポール・ボルカーが一九七九年に連邦準備制度理事会議長となり、強硬な金利引き上げを行ってインフレを抑え込む政策をとった。その結果、一九八〇年代に入ると、金利高によって米国内のインフレが鎮静化するとともに、為替はドル高に振れた。副作用として、ドル建てで債務を負っていた中南米諸国などは債務の重荷が想定外に大きくなり、返済困難となるケースが続出した。ドル高と金利高のダブルパンチを受けたのである。これが八〇年代のいわゆる「累積債務危機」である。

一九八〇年代初頭から、累積債務国（メキシコ、フィリピン、アルゼンチンなどの中南米諸国や低所得国）で債務の繰り延べが繰り返され、最終的には一九八九年三月にブレイディ米財務長官の主導によるブレイディ・プランで多くの債務が明示的に「削減（つまり免除）」されるかたちで累積債務問題は最終処理された。こうして、一九八〇年代は累積債務国にとって過剰債務に苦しめられた「失われた一〇年」となった。

この時期、累積債務問題の解決が長引いたのは、債権者である先進国の銀行団が途上国の債務削減に対してきわめて消極的だったからである。銀行は、債務返済の繰り延べはしぶしぶ認めたが、債務削減は頑として認めず、一九八〇年代の一〇年間が失われた。それに対して、「債務削減をしたほうが、債権者である銀行の回収額も増える」と逆説的な指摘をして債務削減を促したのが、ジェフリー・サックスたちのデット・オーバーハングの理論である（第1章を参照）。

サックスやポール・クルーグマンは「過剰債務があると、債務国は新しい国家プロジェクトを開始しても、そのリターンが債権者の銀行にすべてとられてしまうので、新しいプロジェクトを始める意欲を失う」と理論的に指摘した（Sachs 1988, Krugman 1988）。その結果、債務国は経済が低迷し、債務返済も一層困難になる。サックスやクルーグマンは、過剰債務を削減すれば、債務国は新しいプロジェクトを開始する意欲を持てるようになり、経済成長して税収も増えるので、結果的に返済額も増える、と主張した。つまり、契約上の債務額を減らすほうが、銀行が得られる回収額は増える、という逆説的なことが起きるというのである。これが第1章で論じたデット・オーバーハングの理論である。ブレイディ・プランの背景には、債務の削減（免除）が米銀の得る回収額を増やすという発想があった。

一九七〇年代のアメリカ金融界は、のちに累積債務危機を引き起こす途上国向け貸出を増やす一方で、国内では住宅ローンに傾斜した。古くから存在したS&Lという業態の金融機関が住宅ローンでアグレッシブな貸付を実施した。しかし、無謀な貸付と一九八〇年代の高金利政策によって八〇年代前半には多くのS&Lが不良債権を抱え、経営危機に陥った。この問題も途上国の累積債務問題と同様に一九八〇年代を通じて先送りされた。一九八〇年代末には先送りが限界に達し、一九八九年にS&Lが大量破綻したことから、整理信託公社（Resolution Trust Corporation：RTC）が設立され、公的資金が投じられて、ようやく抜本的な不良債権処理が行われた。

S&Lが持っていた大量の不良債権をRTCが一括して買い取り、S&Lの預金者に損失が出ないように処理をした。RTCは高値で不良債権を買い取り、低い値段で再生・売却したので、RTCには不良債権処理のコストが発生したが、RTCのコストは公的資金（政府の財政資金）で賄われた。このRTCの事例は、一九九〇年代末の日本の銀行危機の際に、不良債権処理のモデルケースとして日本で研究され、盛んに議論された。

RTCの処理方式は不良債権処理の方法としては一般的なものであり、一九九〇年代前半の北欧での不良債権処理にも用いられた。民間銀行が持つ不良債権を公的な資産管理会社が公的資金で買い取って再生・売却する方式なので、ＡＭＣ方式と呼ばれた（ＡＭＣは資産管理会社Asset Management Companyの略）。日本で二〇〇三年に設立された産業再生機構はまさに不良債権処理のための資産管理会社であった。九〇年代末から二〇〇〇年代初頭において、アメリカの政財界の関係者や経済学者が日本に不良債権処理の迅速化を迫った際にも、ＲＴＣによるＳ＆Ｌ危機の処理という成功（？）体験が念頭にあった。

大いなる安定の一九九〇年代

累積債務危機とＳ＆Ｌ危機を乗り切ったのち、一九九〇年代のアメリカ経済は穏やかな成長を続けた。一九八七年からはポール・ボルカーに代わって、アラン・グリーンスパンが連銀議長となったが、九〇年代に入ってからグリーンスパンが退任する二〇〇六年までの期間は、「大いなる安定」と呼ばれるアメリカ経済の黄金期を画することになる。

この時期、アメリカのＧＤＰは二・五パーセント程度の安定成長であったのに対し、ダウ平均株価は年率一四パーセントの高率で上昇した（平成一一年経済白書）。

情報技術（ＩＴ）革命が本格化したことでＩＴ関連企業の株価上昇は加速し、一九九〇年代末にはＩＴバブルの様相を呈してきた。一九九七年のアジア通貨危機と日本の銀行危機、一九九八年のロシア債務危機、その帰結としての一九九八年九月のアメリカの巨大ヘッジファンドＬＴＣＭ（Long-Term Capital Management）の破綻・救済などの混乱を経ても市場は大きく崩れることなく、株価の高騰は続いた。

二〇〇〇年についにITバブルが崩壊し、その後ナスダック株価が八割も下落した際も、グリーンスパンの迅速な金融緩和により経済全体に大きな影響が及ぶことなく収束した。株の暴落が経済危機に深化するのを回避した成功体験によって、その後、アメリカ市場は「危機が起きてもグリーンスパンが助けてくれる」という楽観的な信念（グリーンスパン・プット）が支配するようになっていた。

二〇〇〇年代――世界金融危機の発生

変調があらわれたのは、グリーンスパンが退任した直後の二〇〇六年である。この年、アメリカの住宅価格が下落に転じた。歴史的に、アメリカの不動産価格は緩やかな上昇基調にあった（この傾向自体は欧州でも、バブル崩壊前の日本でも同じである）。しかし、〇〇年のITバブル崩壊後に投資資金が住宅市場に流れ込み、アメリカの住宅価格はそれ以前の一〇倍以上の異常なスピードで高騰を続けた。筆者も、〇三年に「低所得の移民労働者が簡単にローンを組んで住宅が買える状況であり、これは明らかにバブルだ」という米国人エコノミストの話を聞いたことがある。二〇〇〇年代のアメリカ住宅市場は、何年も過熱が続いていたのである。それが〇六年に下落を開始し、住宅バブルの崩壊が始まった。

まず、サブプライムローンの危機が深刻化した。サブプライムローンとは、文字通り優良顧客（プライム）よりも下のランクの顧客向けの住宅ローンで、債務者は低所得者が多かった。

そうした顧客は、住宅価格が上昇する時代であれば、住宅を担保にローンを借りて住宅価値上昇とともにローンを有利な条件で借り換えることができていたが、住宅価格が下落すればそのパターンは維持できない。ローンの返済に一気に困窮することになった。住宅価格の下落は続き、〇七年にはサブプライムローンを組成していた金融機関の破綻も始まった。サブプライムローンの債権は、証券化してアメリカ内外の金融機関に売りさばかれ、欧州の金融機関が多くそれらを保有していた。〇七年八月には、仏大手金融機関ＢＮＰパリバ証券傘下の投資ファンドが償還凍結を宣言したこと（いわゆるパリバ・ショック）で、欧米の金融市場に衝撃が走った。

その後、欧米の金融市場が混迷の度合いを強めるなか、〇八年三月には大手投資銀行ベア・スターンズが実質破綻。ニューヨーク連銀の斡旋によってＪＰモルガン・チェースに買収される事態となり、市場の動揺は本格化した。

問題は住宅ローンの証券化商品、すなわちＭＢＳ（不動産担保証券）の価値に対する市場の信認喪失であった。多くのＭＢＳ組成に関わっていた米政府系住宅金融機関ファニー・メイ（連邦住宅抵当金庫）とフレディ・マック（連邦住宅貸付抵当公社）は、累次の救済策によっても安定せず、〇八年九月七日に一時国有化されることが正式決定した。これで問題処理が一巡したかと思われた矢先、九月一五日に、米大手投資銀行リーマン・ブラザーズの破綻が発表された。

これをきっかけに、世界の金融市場がフリーズ（凍結＝急停止）し、パニックは世界中に広がった。リーマン・ブラザーズの破綻の翌日には大手生命保険会社ＡＩＧが米政府に救済された。リーマンは破綻させ、ＡＩＧは救済するという分かりにくい米政府・連銀の対応が、市場の混乱に拍車をかけた。投資家は資産を流動性資金（現預金）に変えようと金融商品の解約に殺到し、金融市場では流動性資金が一瞬で蒸発し、あらゆる金融取引が停止した。現代の経済で、世界的な規模で起きた初めての「金融メルトダウン」と呼ぶべき事態であった。

金融のメルトダウンは、実体経済にも即座にダメージを与えた。資金の出し手が「蒸発」してしまったため、あらゆる証券化商品が市場で売れなくなり、自動車ローンも組成できなくなった。そのため自動車販売が急減した。また、貿易金融が止まったために輸出入が停止するなど、様々な面で実物経済の活動が収縮した。企業のコマーシャルペーパーの発行もできなくなり、多くの業種において企業の日常的な活動の資金繰りが支障をきたした。

実体経済への深刻な影響は、アメリカにとどまらず、世界的なものとなった。年平均二パーセントから三パーセントの成長をしていたアメリカは、〇八年はゼロパーセント成長となり、〇九年はマイナス三・五パーセントというマイナス成長となった（一〇年には三・〇パーセント成長に回復）。それまで年平均五パーセント近い成長率を維持していた世界経済は、〇八年には二・九パーセント成長に減速し、〇九年にはマイナス〇・七パーセントの下落となった（一

○年には五・一パーセント成長を回復)。途上国を除いた先進二七カ国では○八年に○・一パーセント成長、○九年はマイナス三・八パーセントの下落(一○年は二・七パーセント成長)となった。

日本は、○八年にマイナス一・二パーセント、○九年マイナス五・五パーセントの下落(二○一○年は四・四パーセント成長)となり、先進国の中でも最も大きな打撃を受けた国のひとつとなった。日本は、もともと経済が脆弱だったうえに、貿易金融や企業金融の急収縮によって、震源地のアメリカよりも経済成長率が悪化したのである(牧田２０１２ほか)。

こうして、長い「大いなる安定」の時代は終わり、アメリカ経済と世界経済は「大不況」に陥った。これが世界金融危機である。

二〇〇八年〜二〇〇九年の危機対応

二〇〇八年九月半ば以降の金融恐慌に対して、アメリカ政府の対応は早かった。一〇月には「不良資産救済プログラム(Troubled Asset Relief Program：ＴＡＲＰ)」が成立し、財務長官に七〇〇〇億ドルもの支出権限が与えられた。連邦政府は迅速大胆に不良資産を金融機関から買い取り、公的資金による資本注入も行った。バブル崩壊後の日本が一〇年かかった金融処理をアメリカは約一年で実施した。日本の一九九〇年代と比べ、アメリカの対応が早かったのには二つの理由がある。ひとつは日本のバブル崩壊後の政策失敗に学び、小出しの政策は問題を悪化させるという教訓を得ていたことだろう。

二つ目の理由がもっと重要で、それは不良資産の「真の価値」が表面化するタイミングの違いであった。日本の不良債権の場合は、貸出がそのまま銀行のバランスシートに載っていたため、債権価値の変化は銀行が自ら評価替えをしないと表面化しない。そのため、価値の劣化に対する認識が何年も遅れた。これに対して、アメリカの不良資産は住宅ローン担保証券という市場性商品であったため、その価値は、時々刻々、市場の価格として明らかになってしまう。つまり、日本の不良債権は長い間、価値の低下を認識しないですむ余地があり、問題の先送りをすることができた一方、アメリカの不良資産ではそれがそもそも不可能だったのである。間接金融の国と直接金融の国の違いが、危機対応のスピードの違いを生んだと言える。

マクロ経済政策の発動も迅速だった。財政政策としては、自動車の買い換え減税や住宅減税などの大規模な景気対策が実施され、パニックを鎮静化した。金融政策でも、ベン・バーナンキ議長の連銀は立て続けに利下げを行い、二〇〇八年一一月には政策金利のフェデラルファンド（FF）レートは〇・四パーセントを割り込み、一二月には〇・一六パーセントに達した。九月の二パーセントから事実上のゼロ金利に到達するまで、わずか三カ月というスピード対応だった。連銀は、ゼロ金利到達に間髪を入れず量的緩和（Quantitative Easing 1：QE1）を開始した。一一月のFOMCで、連銀はファニー・メイとフレディ・マックから住宅ローン債権一〇〇〇億ドル、住宅ローン証券五〇〇〇億ドルを買い入れることを宣言した。資産買い入れの「量」にコミットする量的緩和が始まったのである。量的緩和はその後の状況に合わせて順次拡大していった。

このときの政策対応によって、世界金融危機後のマクロ経済学における財政政策の位置づけは、いろいろな意味で大きく変わった。金融危機が一九三〇年代の世界恐慌のような実体経済の収縮スパイラルに進展することは、アメリカはじめ各国のなりふり構わぬ財政出動によって阻止された。特に、中国が行った四兆元の財政出動が世界経済を強力に下支えした（その代わり、中国経済はその後の長期間にわたって不動産バブルの膨張というリスクを抱え込むことになった）。マクロ経済学の研究者に長年軽視されてきた、ケインズ的財政政策の有効性が実証されたのである。

財政政策によって大恐慌の再来を防止できたという経験から、危機後の政策論争では財政出動が主要テーマとなった。学界でも危機後には、これまでほとんどなかった財政政策に関する研究が多数発表されるようになった。さらなる詳細は、第4節で再述したい。

二〇〇八年に戻ろう。連邦政府と連銀は、迅速かつ大量に不良債権・不良資産を買い入れることで、市場に蔓延するリスクを軽減し、金融機関同士の疑心暗鬼を緩和した。〇九年には金融パニックは沈静化し、危機は小康状態を迎えた。同年には景気回復の兆候も見られるようになり、危機対応モードの財政政策と金融政策からの「出口戦略」が模索されるようになった。しかし、一〇年に、世界金融危機の第二ステージである欧州債務危機が始まったことにより、マクロ経済政策の正常化は見通しが立たなくなった。

二〇一〇年代――欧州債務危機

リーマン・ブラザーズ破綻後のパニックは小康状態になったが、欧州の銀行は大量の不良資産を抱えており、市場の疑心暗鬼は消えていなかった。さらに、銀行への疑念は、最終的に銀行監督の責任を持つ各国政府の財政の信用にも疑問を生じさせていた。小さなきっかけで市場が瓦解する瀬戸際にあった欧州で、その最後の一押しをしたのが、ギリシャの統計不正だった。

ギリシャが二〇〇九年一〇月に政権交代すると、新政権は前政権の財政統計の数字に不正があったと公表し、財政収支を大幅に下方修正した。これをきっかけにギリシャの国債に対する信認は崩壊し、金利上昇、格付けの低下などのため、ギリシャは資金調達が不可能な事態に陥った。

それまで、ユーロ圏の一員であるという理由で、財政運営がルーズなギリシャも財政規律の厳しいドイツも、国債の格付けや価格にほとんど差がない状態だった。ユーロ単一市場は同じ評価でいいはずだ、という市場参加者の思い込みがあったからである。しかし、ユーロ圏では中央銀行による金融政策は各国共通であったが、財政運営は各国政府が独立して責任を負う、という仕組みになっている。つまり、財政問題に責任を負うのは各国政府であって、ユーロ圏で共同責任を負う仕組みではない。ギリシャ国債の償還についてはギリシャ政府のみが責任を負うのであって、ユーロ圏の他の国々は責任を負わないのだから、そもそも、ギリシャとドイツの国債の格付けが同じであったことには、合理的な根拠がなかったのである。

二〇一〇年のギリシャ統計不正問題をきっかけに、市場参加者は欧州各国の財政リスクをあらためて認識した。ユーロ圏各国の長期金利（それに反比例する国債価格）は、それまでほとんど差がなかったのに、急にばらつきが大きくなった。財政リスクが高いギリシャや南欧諸国は長期金利が急上昇し、ドイツやオランダなど北部諸国の長期金利を大きく上回った。

二〇一〇年～一三年にかけて、ギリシャと同じく財政や金融システムに問題が大きかったスペインやイタリアなどの南欧諸国でも、危機が起きるのではないかと懸念された。懸念があった国々は、その頭文字を取ってPIIGS（ポルトガル、イタリア、アイルランド、ギリシャ、スペイン）と呼ばれた。結局、IMFとEUに支援を求めたのは、ギリシャに加えて、アイルランド、ポルトガル、スペイン、キプロスであり、イタリアは支援を求めなかった。

IMFとEUの支援を受けたギリシャやその他の諸国は、厳しい緊縮財政と構造改革によって財政収支を改善することを求められ、要求にしたがうことで債務危機を脱却したが、大きな痛みをともなった。特にギリシャは増税・年金減額・公務員改革・公共事業の削減など厳しい措置が求められ、国民の反発によって政権が何度も交代した。最終的に、ギリシャの資本規制が解除され、金融が正常化したのは二〇一九年七月のことであり、債務危機の発生から一〇年近い時間がかかっている。

二〇〇八年からの世界金融危機、その後の欧州債務危機は一〇年あまりにわたって欧米先進国のマクロ経済政策に影響を残し、ようやく正常化が近いかと思われた矢先に、二〇二〇年からのコロナ禍で、さらなる積極財政と金融緩和を余儀なくされた。

2 「二〇〇八年」以前の経済学と経済政策

エリザベス女王の質問

金融市場のメルトダウンが続いていた二〇〇八年一一月五日、イギリスのエリザベス女王は、ロンドン・スクール・オブ・エコノミクスでの式典で「なぜ誰も信用収縮が迫っていると気がつかなかったのですか?」という素朴な疑問を述べた。精緻な理論と実証の研究を大量に生み出している経済学者や実務家を含めた経済専門家がなぜこれほど大きな経済破綻を事前に予測したり、防止したりすることができなかったのか。これだけ大きな危機が起きるからには事前に、見逃しようのない予兆があったのではないのか。女王に限らず、多くの一般人がこうした疑問を感じたはずである。

イギリスの経済学界、ジャーナリズム、政策当局、金融界、経済界などの有識者が議論を重ね、女王への回答を公開書簡のかたちで発表したのは翌年七月二二日である。結論は、「国内外の知性を代表する人たちが、誰もシステム全体のリスクを見抜けなかった」というものだが、その理由として、公開書簡は縦割り思考の弊害を強調している。長くなるが引用する。

皆がそれぞれの仕事を適切に行っているように思われました。そして通常の成功の基準からいえば、彼らは大抵うまくやっていました。失敗だったのは、これが全体として足し合わされたときに、どこかひとつの規制当局の管轄には収まりきらない相互に関連した一連の不均衡になると気がつかなかったことです。（……）個々のリスクが小さいと見られたのは正しかったかもしれませんが、システム全体へのリスクは巨大なものでした。（……）要するに、陛下、失敗は（……）国内外の多くの優秀な人々がシステム全体へのリスクを理解することができなかった、という集団的想像力の欠如だったのです。

ここに描かれているのは、典型的な縦割り思考の弊害である。もちろん、新しい金融技術や新しいビジネスモデルの出現によって、規制当局者や経済学者も、自分たちが関心を持つ個々の分野が、他の分野とどのように関連しているのかを想像することは困難だったかもしれない。しかし、金融危機の前には、ちょっと考えれば分かるような理不尽が横行していたことも事実だ。

たとえば、サブプライムの住宅ローンを多数足し合わせて証券化すれば、大数の法則でリスクが消えるとして高い格付けが付与されたが、国全体で住宅価格が下がれば、多数の住宅ローンを足し合わせてもリスクは消えない。このように、全体のリスクへの想像力の欠如が、のちに金融危機を増幅することになる証券化商品の大量組成につながった。

それぞれの分野の専門家が、全体については目を閉じて考えようとせず、「自分の分野はうまくいっている（他人の領域はどうなるか知らないが）」というcomplacency（自己満足）の状態に陥っていたということである。他の分野との関連性や動的な因果のつながりなどについて、我が事としての問題意識のアンテナを立てることができていなかったのである。

プトレマイオスの天球——マクロ経済学への懸念

世界金融危機の前の「大いなる安定」の時期のマクロ経済学も、一種の自己満足の状態にあったといえるかもしれない。ニューケインジアンの経済モデルによって、マクロ経済政策の課題は基本的に分析できるのであって、後は技術的な微修正を重ねれば経済学は完成する、というような楽観的な見方が学界には漂っていた（Chari and Kehoe 2006, Blanchard 2008, Woodford 2009ほか）。

単純なRBCモデルに、企業の市場支配力と価格硬直性を入れたのが基本的なニューケインジアン（新しいケインズ経済学）モデルだが、金融危機の直前の二〇〇七年ごろまでには、様々な追加的要素が付加され、モデルはどんどん複雑に進化していた（たとえば、「消費の習慣性」「投資の調整コスト」「需要ショック」「金融政策へのショック」「投資特殊的技術の変化」「インフレ予想の粘着性」など、付加された追加的要素は実に多岐にわたる)。

こうして複雑に進化したニューケインジアン・モデルを「DSGEモデル」と呼ぶ。DSGEモデルとは、動学的確率的一般均衡(Dynamic Stochastic General Equilibrium)モデルの総称である。本来は、価格硬直性を重視するニューケインジアンのみを指す言葉というわけではなかったが、二〇〇〇年代以降、DSGEモデルには「様々な要素で複雑化したニューケインジアン・モデル」という意味合いが定着した。

消費の習慣性や投資の調整コストなど、付加的な要素を入れることによって、DSGEモデルの予想する数値は、データとのフィットが格段に良くなった。これは経済学の進歩だと多くの人が実感した。一方で、違和感を持つ経済学者もそれなりに多くいた。モデルにアドホックな要素を加えて、たくさんのパラメータや外的ショックを入れれば、モデルを過去のデータにいくらでも合わせることはできる。しかし、これら付加的な要素を入れることでモデルを過去のデータに近づけることはできても、モデルが「正しく」経済の働きを表現しているのか、本当のところは分からない。理論モデルが過去のデータにぴったり合っていても、明日のデータにはまったく合わないということもありうる。あるいは、データの予測は(ある程度)できたとしても、理論モデルが経済のメカニズム(作動原理)をまったく取り違えているという可能性は残る。

そのような例として、現代の経済学の理論モデルと対比されるのが、古代・中世の天文学における「プトレマイオスの天球」である。クラウディオス・プトレマイオスは、紀元二世紀のアレクサンドリアの天文学者で、当時の天動説を完成させた。プトレマイオスの天球モデルでは、地球を不動の中心として、すべての天体が円運動をしている、とされる。地球から見た惑星の動きは単純な円運動では表現できない複雑な動きなので、それを説明するために、周転円、従円、エカント点などのアドホックな要素が導入され、天球モデルは複雑化した。一方、そのような複雑化によって、プトレマイオスの天球モデルは天体の運行を非常に正確に予測することができた。しかし、それは天動説という枠組みの中で組み立てられた理論モデルであり、近現代の地動説という新しい理論枠組みからみれば「間違い」であった。プトレマイオスの天球モデルは、実用的には何ら問題なく一千年間も使われていたので「間違い」というのは言い過ぎかもしれないが、少なくとも重力の法則でシンプルに説明される現代の天体物理学と比べれば、アドホックで複雑な「美しくない理論」であった。

複雑化する現在の経済学、特に、ニューケインジアンのDSGEモデルは、まるでプトレマイオスの天球モデルのようだという違和感を持っていた人は、危機前からそれなりにいた。彼らの懸念を要約すると、「天動説から地動説への転換のような、根本的な経済学の枠組みの転換が、いつの日かありうるのではないだろうか。現在のマクロ経済学が既存のモデルの微修正によって「データに合わせる」ことに終始する状況は、はたして学問の進歩と言えるのだろうか」という疑問である。

この疑問は、世界金融危機を経て、広く共有されるようになった。完成の域に近いと思われていたDSGEモデルの体系で、金融危機の予兆を捉えることがまったくできなかった、という衝撃は大きかった。

あらためて認識されたことは、危機以前に使われていた標準的なDSGEモデルには、銀行などの金融システムはモデルの構成要素として入っていないし、不動産や株式の資産バブルも入っていなかった、ということである。金融危機の重要な要因が、そもそもモデルに入っていなかった。

なぜ誰も金融危機の予兆を察知できなかったのか、というエリザベス女王の質問には「現代のマクロ経済学のモデルでは、金融危機は起きないことになっていたからです」と答えるべきであった。

危機前のマクロ経済学のコンセンサスビュー

金融危機前にマクロ経済学の標準形だったDSGEモデルには、銀行もバブルも入っておらず、モデルの構造上、金融危機を想定していなかった。DSGEモデルは、生産性ショックや効用ショックや金融政策ショックなどの外生的変化による景気の「循環」のみを想定していた。したがって、マクロ経済政策は景気循環を緩和することが目的で、次のような政策が望ましいとされていた。

①二パーセント程度のインフレターゲットを明確に掲げることによって、金融政策の予測可能性を高める。金融政策の手法もテイラー・ルール（GDPギャップと期待インフレ率に反応して名目利子率を設定する方法を事前に定めた政策ルール）のような明確なルールにもとづいて、予測可能性の高い金融政策を実施する

②財政政策については、景気循環への対応としては、行うべきではない

②については、危機の後に、財政政策は有効だとする研究が数多く発表され、見方は激変するが、それは第4節で述べる。危機前の経済学界は、財政政策の有効性をどう判断するかという以前に、そもそも財政政策に関心を持っていなかったと言うべきである。こうしたコンセンサスができた要因として、DSGEモデルの特徴も関係がある。DSGEモデルでは、もっぱら金融政策がモデル上の分析対象である。また、標準的なDSGEモデルでは、リカードの中立性命題が厳密に成り立つので、財政政策は無効だという結果しか出てこないのである。

この時期の資産バブルに対する考え方も振り返っておく。資産バブルについては、FEDビューとBISビューの二つの考え方が以前から並立していた。FED（フェッド）とは、アメリカの連邦準備制度の呼び名で、BIS（ビス）はスイスのバーゼルにおかれた国際決済銀行

（Bank for International Settlements）の略称である。危機前の「大いなる安定」の時期には、FEDビューが学界や中央銀行のコミュニティでは多数意見であった。

FEDビューとは、「資産価格が上昇しているときには、それがバブルかどうか事前に判定することは不可能なので、金融政策は資産価格の上昇に反応するべきではない。バブル崩壊後に金融緩和で対処すれば問題はない」という考え方である。一方、BISビューは、「資産価格や、銀行の貸出量などのバランスシート変数が急変しないように、事前に金融政策でスピード調整するべきであり、金融政策は資産価格に反応するべきだ」という考え方である。

FEDビューが金融引き締めによるバブルの予防に消極的な理由は、資産価格の上昇がバブルではなく生産性の向上によって起きていたとしたら、金融引き締めによってブレーキをかけることは適切な政策対応ではないからである。健全な経済成長を金融引き締めで阻害することになる、という政策失敗のリスクを問題視しているのである。また、バブルには事後処理で対応すればいい、という考え方には、グリーンスパン時代の成功体験が色濃く反映している。二〇〇〇年〜〇二年にかけて、ドット・コム・バブルは崩壊したが、グリーンスパン議長の適切な金融緩和によって大きな景気悪化を経験することなく乗り切った。バブル崩壊後に初めて崩壊前の資産価格がバブルだったと確認されるが、それでも手遅れではない、とFEDビューは考えていた。

しかし、二〇〇八年の世界金融危機において、事後対応ではうまく乗り切れない事態も起きるということを全世界が経験した。二〇〇〇年のドット・コム・バブルと何が違ったのかというと、二〇〇八年の危機前には、住宅バブルによって住宅ローンという巨大な債権が膨れ上がり、住宅バブル崩壊が不良債権問題に直結した点が違ったのである。

ドット・コム・バブルが崩壊しても、投資家の自己資金が消滅しただけであり（IT株を信用取引していた投資家は債務不履行を起こしたが、富裕層やプロに限られていた）、不良債権はあまり発生せず、したがって、債務不履行のリスクが金融市場で広く伝染するということはなかった。債務不履行のリスクが市場の疑心暗鬼を呼ぶと市場が凍結（フリーズ）する。これが二〇〇八年には起きたが、ドット・コム・バブルでは起きなかった。

BISビューは、FEDビューとは違い、不動産バブルを警戒する。不動産バブルの崩壊は、不良債権問題を引き起こすからである。住宅価格や土地価格などに「信用取引によるバブル」が起きると、事後対応では手遅れだというのが、日本や北欧の一九九〇年代の経験であった。世界金融危機が起きる前から、バブルが成長しないように事前にブレーキをかけるべきだといっていたのがBISビューである。

危機前の多数意見がFEDビューだったことは、二〇〇八年に起きたような金融危機を学界や中央銀行コミュニティがほとんど想定していなかった、ということを示している。ちなみに、金融危機後はBISビューが注目されたが、バブル予防の実務的な難しさもあって、二〇二〇年代の現在はやはりFEDビューが主流となっている。

3　世界金融危機で何が起きていたのか

経済学による説明

世界金融危機が起きることを、標準的なマクロ経済学のモデルは想定していなかった。しかし、世界金融危機でなにが起きたか理解することは、その後の経済政策の発展のためにも重要である。本節では、世界金融危機について経済学でどのように説明できるかを論じる。なお、本節は経済学の研究動向について記述している部分が多いので、経済学そのものに関心がない読者は本節を飛ばして先に進んでも差し支えない。

不良債権とカウンターパーティーリスク

リーマン・ショック後の金融市場の急停止は、いわゆる「カウンターパーティーリスク」によって金融機関同士の短期の貸借取引が急減したことによって起きた。先述したように、カウンターパーティーリスクとは、取引相手（カウンターパーティー）の信用リスクのことであり、当時の文脈では、「金融機関同士の短期貸借市場（インターバンク市場）における借り手の返済能力についての信用リスク」である。リーマン・ショック後にこのリスクが突如拡大した。これには二つ理由がある。

ひとつは、住宅バブル崩壊による不良債権（不良資産）の激増である。サブプライムローンから組成されたＭＢＳ（不動産担保証券）が、危機時には、欧米の多数の金融機関に分散保有されていた。当時、どの金融機関のバランスシートがどの程度痛んでいるのか、取引相手には見えない状態であったため、どの金融機関もインターバンク取引の相手先のリスクを意識している状態だった。

そこに、二つ目の要因として、リーマン・ブラザーズの破綻が起きた。リーマンが破綻するまでは、「ＭＢＳのリスクは最終的には当局が保証してくれるに違いない」という暗黙の思い込みが市場には存在していた。市場で一定の存在感のある大きな金融機関は、当局によって救済されるはずだという暗黙の期待である。いわゆるToo Big To Fail（大きすぎて潰せない）である。ＭＢＳは発行に関わった大手金融機関が保証すると期待されていたので、大手金融機関が潰れなければ、ＭＢＳについてのリスクも顕在化しないはずだった。

同じような期待は、「いざとなったら迅速にじゅうぶんな金融緩和が行われるはず」というグリーンスパン・プットとして以前からあった。またニューヨーク連銀が金融業界をとりまとめて大手金融機関を救済した事例は、一九九八年九月のＬＴＣＭ救済や二〇〇八年三月のベア・スターンズ救済などで繰り返されてきた。だから当然、リーマン・ブラザーズも救済されるだろうと誰もが思っていた。

ところが、その期待は裏切られ、救済されると市場が信じていたリーマン・ブラザーズが破綻した。大手金融機関も破綻するとしたら、「自分の取引相手が持っているＭＢＳのリスクを大手銀行と金融当局が最終的に保証してくれる」という期待は崩壊する。この結果、市場参加者の相互不信は一気に顕在化し、カウンターパーティーリスクが急激に高まったのである。インターバンク市場で、誰も貸し手として資金を提供しようとしなくなった。これが当時、市場の凍結（フリーズ）、あるいは、貸し手の「蒸発」と呼ばれた現象である。

この経緯は、一九九七年の日本の銀行危機において、三洋証券のわずか一〇億円のインターバンクローンの債務不履行がトリガーとなって、一気にインターバンク市場がシャットダウンしたことと同型である。当時、インターバンクローンが債務不履行になるとは誰も考えていなかった。政府・日銀が債務不履行を起こさせないはずだと、市場参加者は強く信じていた。ところがデフォルトが起きてしまったので、市場はパニックになった。この一九九七年一一月の日本と同じ構造の出来事が、二〇〇八年九月のニューヨークで、より大きな規模で、再現されたのである。

アメリカのＭＢＳについての不良資産問題と、第1章で述べた日本の不良債権問題との比較をしておきたい。一九九〇年代の日本の不良債権問題は一〇年間続く緩やかな低成長をもたらしたが、リーマン・ショックのカウンターパーティーリスクは、一年程度の短期で激しい経済収縮を引き起こした。

一九九〇年代の日本の不良債権問題においては、家計ではなく、企業が不良債権の借り手であり、いつ倒産するか分からないという状況にあった。そうした状況下の企業には、他の企業と事業上の取引をする際に、「契約を履行できるか分からない」「契約通りに支払いができるか分からない」というカウンターパーティーリスクが発生する。企業の過剰債務が大きくなりすぎて、途中で倒産するかもしれないからである。事業会社間のカウンターパーティーリスクによって、一〇年単位で供給連鎖の萎縮が発生し、生産性が低迷した。これが、第1章で示したデット・ディスオーガニゼーションの理論である。

これに対して、世界金融危機の際のカウンターパーティーリスクは、不良資産となったMBSを保有する金融機関同士の相互不信のことであった。不良債権の最終的な借り手は主にアメリカの家計であり、企業間の供給連鎖の萎縮という、日本で起きた問題はアメリカでは長期的には問題にならなかった。金融機関同士の相互不信は、日本のように一〇年間も続くことはなく、一年程度で解消したが、信用収縮は激烈だった。世界金融危機時には、カウンターパーティーリスクによって流動性資金が蒸発し、貿易金融やCPの市場が機能不全になったため、日本でも事業会社が事業の中断に追い込まれた。日本の一九九〇年代は、低成長になったとはいっても平均でプラス一パーセント程度の成長はしていたが、世界金融危機の二〇〇九年は、日本の成長率はマイナス五パーセントとなった。

金融機関同士の相互不信は、金融取引ネットワークの激烈な収縮を引き起こすというだけではなく、いつどのようなきっかけでそのような取引ネットワーク収縮が起きるか予測不能であるという難しさがある。その難しさは、「銀行取りつけ（Bank Run）」のメカニズムとして表現される。

銀行取りつけ

世界金融危機の際の金融機関をめぐるカウンターパーティーリスクには、金融機関が「取りつけ」にあうかもしれないというリスクも混入していた。ひとつの金融機関に融資している多数の債権者がいるとしよう。この金融機関に対して、多数の債権者が一斉に資金の返済を求める事態を「取りつけ（Run）」と呼ぶ。取りつけの一番分かりやすい例は、銀行に対して預金者が預金引き出しに殺到する、「銀行取りつけ（Bank Run）」である。当座預金や普通預金は、「いつでも好きな時に引き出せる」という要求払いの契約になっているため、預金者が引き出しに殺到すると銀行は支払いに応じざるを得ず、手元資金が枯渇して、資産をすべて投げ売りしても支払いが完了せずに倒産する場合がある。

銀行に対する預金者の取りつけだけではなく、一般の金融機関に対する一般の債権者の取りつけでも、条件がそろえば同じことが起きる。金融機関のバランスシートが健全であっても、取りつけは起きることがある。銀行取りつけのリスクが、不良資産によるカウンターパーティーリスクと異なるのは、「銀行の債権者たち（または預金者たち）の期待次第で何が起きるかが決まる」という点である。健全な銀行であっても、預金者たちが「他の預金者たちが預金を引き出す」と予想すると、自分の預金が引き出せなくなる事態を恐れて、我先に預金を引き出そうと殺到し、実際に銀行取りつけがおきてしまう。一方、逆に経営状態が悪い銀行であっても、預金者たちが「他の預金者は、いまは預金引き出しをしないだろう」と考えると、必要もないのに預金引き出しに殺到する人はいなくなって銀行は経営を続けられる。このため、銀行破綻が起きるか、起きないかが予測不能になってしまうという厄介な性質が生まれる。

銀行取りつけが予測不能であることは昔からよく知られており、直感的には当たり前のことだが、理論的には、シカゴ大学のダグラス・ダイヤモンドとワシントン大学のフィリップ・ディブヴィグが一九八三年に発表した有名な論文「銀行取りつけ、預金保険、そして流動性」において厳密に示されている（Diamond and Dybvig 1983）。彼らは二〇二二年に、この業績でノーベル経済学賞を受賞している。

こうした予測不能性を、経済学では「サンスポット均衡」という概念で表現する。均衡とは、経済システムにおいて実現可能な状態のことである。銀行の状態として、銀行取りつけが起きる均衡と、銀行取りつけが起きない均衡という二つの均衡が常に存在して、どちらの均衡が実現するかは預金者たちの期待次第である。預金者の期待が「他の預金者たちが取りつけに殺到するに違いない」となるか、「他の預金者たちは取りつけに殺到しない」となるかは、まったくの偶然による。

人々の期待は銀行や経済と関係のない出来事（たとえば太陽黒点［サンスポット］の変化）によって決まる、という意味で、このような複数均衡モデルのことを経済学では「サンスポット均衡」という。次に取り上げる資産バブルの理論モデルも、サンスポット均衡の一例である。

資産バブル

日本の一九九〇年代の不況は、一九八〇年代までの不動産バブルが崩壊したために起きた。二〇〇八年の世界金融危機は、アメリカや欧州の住宅バブルが崩壊したために発生した。資産価格とは、通常は、その資産が生み出す収益（株なら配当、土地なら家賃）の割引現在価値になるはずで、この価格をファンダメンタルバリュー（基礎的価格）という。

資産価格が基礎的価格を超えて大きく上昇するとき、実際の資産価格と基礎的価格の差額を「バブル」と呼ぶ。バブルが起きるのは、投資家たちが「他の投資家が基礎的価格よりも高い値段で買ってくれるはず」という期待を共有しているからである。または、「いまの（高すぎる）資産価格が崩壊しても、銀行か政府が助けてくれる」という期待があるからである。

投資家たちが「誰も基礎的価格よりも高い値段では買ってくれない」という期待を共有していたら、バブルは発生しない。投資家たちの期待によって、バブルが発生したり、発生しなかったりする、という均衡の構造は、銀行取りつけのモデルと同じである。銀行取りつけの場合は、預金者（債権者）たちの期待によって、取りつけが発生したり、発生しなかったりする、という構造だった。

資産バブルも、経済学的にはサンスポット均衡である。経済の実態とはなんの関係もないサンスポットによって人々の期待が変化すれば、資産バブルは崩壊するので、バブル崩壊は予測不可能なのである。また、合理的バブル理論では、バブルの崩壊が起きるのは偶然の出来事（サンスポットの変化など）の結果であると説明されるので、バブルが崩壊する内在的な理由がない。現実には、バブル崩壊を予測することが重要な政策ニーズであるのに、経済理論はいつどうやってバブル崩壊が起きるのか手がかりを与えてくれないのである。

危機後のマクロ経済学

世界金融危機で起きていたことは、金融システムを通じたリスクとバブルの拡大、資産バブルの崩壊、銀行取りつけ、不良債権（不良資産）問題によるカウンターパーティーリスクの高まり、その結果としての実体経済の萎縮、などである。

こうした要素を、標準的なDSGEモデルに取り入れる動きは、金融危機の進行中にさっそく始まった。ニューヨーク大学のマーク・ガートラーと、欧州中央銀行のピーター・カラディが二〇一一年に発表した論文「非伝統的金融政策のモデル」がその出発点である（Gertler and Karadi 2011）。ガートラーとカラディのモデルには銀行システムが記述されているが、銀行に一種の担保制約があるため、銀行へのなんらかの負のショックがあると、そのショックが増幅される、経済全体にもっと大きな負の影響が及ぶ。

銀行取りつけをマクロ経済モデルに取り入れる試みも進んだ（Gertler and Kiyotaki 2015）。ガートラーとプリンストン大学の清滝信宏が作り上げたこのモデルは、ダイヤモンドとディブヴィグの銀行取りつけの理論をマクロ経済モデルに導入するもので、外生的なシグナル（サンスポット・ショック）によって、銀行取りつけが起きる。一方、資産バブルをＤＳＧＥモデルに導入する動きもある（Guerron-Quintana et al. 2023）。ただ、このモデルは一般的なＤＳＧＥとはかなり異なる構造となっている。

ＤＳＧＥモデルの修正は、このようにある程度は進んできているが、それが現実の金融危機への備えに使えるかというと難しい。ひとつの問題は、「銀行取りつけ」や「バブル」のモデルが、サンスポット均衡のモデルだという点にある。太陽黒点（サンスポット）のように、経済の基礎条件と無関係な動きによって、銀行取りつけや資産バブルの崩壊が起きるかどうかが決まる、というのが現在の理論モデルの性質である。つまり、サンスポット型のモデルでは、危機が起きるタイミングは経済の状態を見ていても予測不可能なので、現実の金融危機を予測するためには、使いにくいのである。ただ、「危機がおきたとしたら、その後、経済がどのように反応するか」は分析できるので有用性がないわけではない。金融危機の予測は、地震の予測と似た面があり、地震が起きるタイミングの予測はできないが、地震が起きたときにどのような被害が出るかはかなりの精度で予想できる。現在の経済学も同様である。

オッカムの剃刀

世界金融危機を経て、マクロ経済学は修正されつつあるが、「プトレマイオスの天球」から脱したのだろうか。これまでの進展を見ると、天球モデルに二つ三つ新しい工夫が加わった、というのが現状のように思われる。地動説のような新しいパラダイムが見つかる兆しはない。

いまのDSGEモデルで問題がありそうな一例は、銀行の扱い方である。DSGEにガートラー・カラディ型の銀行モデルを入れるという工夫は普及したが、この工夫が本当に銀行というものの本質をあらわしているのか。銀行の起原は、決済サービスの提供にあった（決済サービスとは、資金の支払いにより経済取引を完了させ、かつ、その完了を当事者および第三者に証明するという仕事である）。現代においても、預金口座を使った決済サービスの提供は銀行業務のきわめて本質的な要素のはずである。しかし、ガートラー・カラディの銀行モデルでは、銀行は預金者のお金を企業に貸すという単なる「金銭貸借の仲介業者」にすぎず、「決済サービスの提供者」という側面は無視されている。はたして決済サービスの提供者として銀行をモデル化しないでいいのか、という根本的な疑問が湧く。

もうひとつの例は、資産バブルを「貨幣」と同じく経済効率を高める存在としてモデル化する、現代の合理的バブル理論である。資産バブルは、経済の効率を悪化させ、それを覆い隠す「悪」である、という我々の直感に、現代のバブル理論は反しているのである。

現在のDSGEモデルの研究アプローチに、違和感を覚えるところもある。研究アプローチが「オッカムの剃刀」の理念に必ずしも合っていないという問題である。「オッカムの剃刀」とは、科学理論を構築するにあたって、「データを説明するために要する仮定の数を最小限にとどめるべし」という指針である。一四世紀の神学者・哲学者オッカムが学問の理論についての指針として述べたことからオッカムの剃刀と言われる。天動説から地動説への変更は、惑星の動きを説明するために周転円など多数の仮定を必要とする理論から、太陽中心の周回運動という仮定だけで説明できる理論への変更という意味で、オッカムの剃刀の指針に沿った進歩であった。経済学の研究においても、そのような進歩が求められているのかもしれない。

4　危機後のマクロ経済政策

新しい三つのテーマ

金融危機後、経済政策をめぐる議論では、「非伝統的金融政策」「マクロプルーデンス」「財政政策」の三つが主要なテーマとなった。

非伝統的金融政策とは、一言でいうと、名目金利が下限に到達した状況で行われる金融政策は何かというテーマである。金利の下限は、実効的金利下限（Effective Lower Bound：ELB）

と呼ばれ、日本のゼロ金利制約とほぼ同じ概念であるが、現金保有コスト分だけ金利をマイナスにすることもできることから、ゼロよりも低い金利がＥＬＢとして想定されている。金利がＥＬＢに到達したとき、金融政策の手段は、量的緩和かフォワードガイダンス（中央銀行による将来の金利についての約束）などに限られる。そのような手段を使って、現在から将来にかけてのインフレ期待をどのように操作できるのか、という日本のデフレ論争と同型の問題が議論された。

マクロプルーデンスとは、マクロの経済変動に合わせて、金融規制（プルーデンス政策）を自動的・機動的に変化させることで、世界金融危機後に生まれた概念である。対して、従来の金融規制は、個別の金融機関の健全性を維持するためのものなので、ミクロの金融機関のための規制という意味を込めて「ミクロプルーデンス」と呼ばれるようになった。

財政政策は、リーマン・ショック直後に威力を発揮し、重要性が再認識された。さらに、名目金利がＥＬＢの下限に到達し、伝統的な金融政策の手段が失われたため、財政政策に注目が集まった。

非伝統的金融政策

インフレ目標については、金融危機の前から「年率二パーセント程度」が妥当だと世界の中央銀行の間でのおおよそのコンセンサスがあった。ただ、二パーセント程度という数字に経済理論的な根拠はない。不況期に名目金利を引き下げる余地を持っておくため、あるいは、統計のバイアス（実際のインフレより、統計上の計測値は高くなる傾向があるなど）を考慮して、実務的に妥当な数字と考えられたのが、二パーセント程度のインフレ目標であった。

世界金融危機に対処するために欧米中央銀行は急速な利下げを行い、名目金利はＥＬＢ（ゼロ金利）に到達した。この時点で、金利操作という伝統的な金融政策は不可能になったので、非伝統的な金融政策が実施されることになった。それは主に次のような手段である。

①量的金融緩和

金利が使えなくなったときに、貨幣供給量を増やすことでインフレ期待を醸成しようとする政策で、二〇〇一年に日本銀行が世界で初めて考案し実施した。中央銀行のバランスシートの拡大（負債項目として当座預金残高の拡大）を行う。

②フォワードガイダンス

政策金利をゼロまたは下限（ＥＬＢ）に据え置く期間など、これからの金融政策についての見通しを中央銀行があらかじめ宣言し、約束する政策である。日本銀行では、植田和男総裁が、政策審議委員だった一九九九年にゼロ金利政策の継続を長くすると約束して市場の期待にはたらきかけるという時間軸政策を政策決定会合で提唱し、日銀の政策として導入された。この時間軸政策が、世界の中央銀行関係者や経済学者の間で「フォワードガイダンス」と呼ばれるようになった。

③マイナス金利政策

中央銀行の当座預金にマイナス金利を課す（すなわち手数料を取る）政策。金利を低くすれば、資金を借りて設備投資する企業が増えるから、景気が良くなるというのが理屈である。しかし、日本で二〇一六年にマイナス金利が実施されると、「金利が低下しすぎると、金融機関の利鞘が小さくなり、金融機関の経営を圧迫し、結果的に貸出が減って景気を悪化させる」として銀行業界から大きな反発があった。学界でも、金利をある限界を超えて低くしすぎると金融緩和ではなく引き締め効果があるというリバーサルレート説が主張されるようになった。

④イールドカーブ・コントロール（YCC）

短期金利がELBに到達したときに、一〇年物国債の利回りなどの長期金利について誘導目標を定める政策。長期金利を低下させることで、緩和効果を広げようとするものである。この政策を実施したのは、日本とオーストラリアである。日銀は、二〇一六年から一〇年物国債の無制限の買い入れによって、長期金利をゼロパーセント近傍に誘導してきた。YCCには金利のリスク発見機能をマヒさせ、財政規律を弛緩させる副作用があるという指摘がある。政府支出を貨幣発行で賄うという状態に近く、世界中の政府・中央銀行が戒める財政ファイナンスそのものだという批判もある。また、段階的な解除が難しい政策と言われる。オーストラリアは三年物国債利回りを誘導するYCCを実施したが、解除する際に市場が混乱して中央銀行の信頼性に大きな傷をつけた。本書執筆時点（二〇二三年秋）で、日本のYCCは実質的な解除に向けての神経質な動きが続いている。

銀行規制とマクロプルーデンス政策

世界金融危機後、国際的な銀行規制のあり方は大きく変わった。銀行規制はもともとバーゼル銀行監督委員会によって自己資本比率や流動性比率の国際基準が定められてきた。バーゼル銀行監督委員会は、日本を含む二八の国と地域の中央銀行と銀行監督当局で構成される国際機関で、バーゼルに本部を置く国際決済銀行（BIS）に事務局を設置している。バーゼル委員会が定める国際基準（BIS規制）は、バーゼルⅠ（一九八八年）、バーゼルⅡ（二〇〇四年）、そして世界金融危機の後のバーゼルⅢ（二〇一〇年公表、二〇二八年完全実施予定）と段階的に強化されてきた。

危機後には、バーゼル委員会に加え、各国の金融危機対応や金融規制・モニタリングの協調のための組織として、金融安定理事会（Financial Stability Board：FSB）が設立された。FSBは一九九九年に設立された金融安定化フォーラム（Financial Stability Forum：FSF）を前身として二〇〇九年四月に設立された会議体である。リーマン・ショックの経験から、金融ネットワークの中核をなす金融機関が破綻すると世界中に深刻な影響が広がることが分かったため、FSBでは「システミックに重要な金融機関」をあらかじめ定め、それらに対する規制やモニタリングを強化するという戦略を採用している。FSBでは各国当局に「グローバルな、システム的に重要な銀行」(Global Systemically Important Banks：G－SIBs)と「国内の、システム的に重要な銀行」(Domestic Systemically Important Banks：D－SIBs)の指定を促し、それらへの規制監督の強化を促している。FSBに参加するのは、主要二五カ国・地域の中央銀行、金融監督当局、財務省、主要な基準策定主体、BISなどの国際機関の代表である(二〇二二年末現在)。FSBの事務局もBISにおかれている。

こうした国際的な枠組みの下で、各国当局が行う金融規制監督は、ミクロプルーデンスとマクロプルーデンスに分けられる。

ミクロプルーデンスは、世界金融危機前からあった伝統的な金融規制・金融監督の仕事である。日本では、金融庁による自己資本比率規制や金融検査によるモニタリング、日本銀行の考査によるモニタリングが政策手段である。バーゼル委員会の自己資本比率規制に則り、金融庁の規制では、各銀行は八パーセント以上の自己資本比率を維持することが厳しく求められている(国内専業の銀行は四パーセント以上)。

マクロプルーデンスとしては、自己資本比率規制に景気循環に応じて資本バッファーを上乗せするという政策がバーゼル委員会で導入された（服部２０２３ほか）。

その主なものは、カウンターシクリカル資本バッファーである。これは文字通り、「景気変動による循環的（シクリカル）な影響を打ち消す（カウンター）ような自己資本比率の上乗せ」を決めることであり、平時や好況期には最低限の自己資本比率を高くし、危機時や不況期にはそれを低くする。この結果、不況期には自己資本をあまり積まなくていいことになるので、貸出を減らさなくて済む。そうすると、「銀行の自己資本規制があるために「不況期の貸し剝がし」が起きて不況がもっと深刻化する」という事態を防げる、というわけである。景気変動をみて自己資本比率の上乗せ幅を決めるのは、規制当局（日本では金融庁と日本銀行の合議）である。

マクロプルーデンスのもうひとつの手段は、貸出規制だ。バーゼルⅢでは、住宅ローンや商業用不動産向け貸付について、担保の住宅や不動産の価値が下がると、自動的にリスクウェイトが上昇し、貸し出しにブレーキがかかるという仕組みが導入された。具体的には、住宅ローンなど不動産融資について、ＬＴＶ（Loan to Value：ローン残高÷担保不動産価値）が大きくなるほどリスクウェイトを大きくするという規制の導入である。

銀行の自己資本比率は、自己資本÷総資産で計算されるが、総資産は、各貸出にリスクウェイトをかけた値を足し合わせる加重和として計算される。リスクウェイトが大きくなると総資産が増え、銀行の自己資本比率が下がるので、銀行はリスクウェイトの大きな貸出はなるべく控えようとする。この傾向があるため、「LTVに応じたリスクウェイトの調整」という規制は、不動産向け融資が担保不動産の価値の一定割合に収まるように銀行に意思決定を促す効果がある。つまり、「銀行融資が加速して、不動産価格を過剰に押し上げる」というバブルを防止する効果がある。

なお、プルーデンス政策と金融政策(マネタリーポリシー)との関係について、「金融システムの安定のために金融政策を使うべきか?」という問題も、政策論争の大きなテーマになった。金融システムの安定はプルーデンス政策で、物価安定は金利調節などの金融政策で、というのが伝統的な役割分担だが、金融危機後には、資産バブルで金融システムが不安定になるのを防ぐために、金融政策を予防的に引き締めるべきだという議論が出た。バブルには事後対応でよいというFEDビューと、バブル防止のために予防的に金融引き締めをするべきだというBISビューの対立の構図で言えば、BISビューからの問題提起であった。この論争では、予防的な金融引き締めは、Leaning against the wind(LAW:流れに逆らう政策)といわれたが、いくつかの研究によって、「金融システムの安定化にはマクロプルーデンス政策を割り当てるべきであり、金融政策のLAWで対応するべきではない」という結論がおおよそのコンセンサスになった(Svensson 2017, Kockerols and Kok 2021ほか)。

財政政策への期待の高まり

金融危機後には、それまでマクロ経済学界ではほとんど顧みられなかった財政政策に注目が集まった。それは二〇〇八年秋以降の緊急事態に際し、財政政策が経済の底割れを防いだからであり、また、その後は金利がゼロ金利またはマイナス金利の下限に到達したために、伝統的な手法での金融政策は「弾切れ」になったためである。

財政政策に関する知見としては、金融危機前から知られていたことも含めて、次のようなものがある（森2018、長町2018ほか）。

①「不況期には好況期より乗数効果は高くなる」という実証研究。乗数とは「財政支出が何倍の総需要を生み出すか」を示す倍率である。不況期のほうが、財政支出が経済を下支えする効果は大きい、ということである。財政支出によって資源が使われて、民間の投資ができなくなる押し出し（クラウディングアウト）効果は、不況期には相対的に小さいという結果もある。リーマン・ショックの後に財政支出でなんとか経済の底割れを防いだ、という経験からは納得感のある結果だ。ただ、不況期に乗数効果が大きいとは言えないとする異説もある。

②金融危機後のニューケインジアン・モデルのシミュレーション分析による、「ゼロ金利下では、財政政策の乗数効果は大きくなる」という研究（Christiano et al. 2011）。この結果がだされると、大いに学界の注目を集めた。ただ、この結果については、モデルの近似方法による

見かけ上の結果だという異論もある。
③政府債務残高が大きい国では、乗数効果は小さくなるという研究。政府債務が多いと、財政支出が増えたときに、国民は将来の増税をより強く予測する。したがって将来の増税に備えて貯蓄を増やすので、現在の消費が増えない。つまり、財政支出によって誘発される消費は少なくなってしまうのである。

財政政策について注目が集まった理由は、ゼロ金利に達してこれ以上の金融緩和ができないからということもあるが、もうひとつの理由は、ゼロ金利によって政府債務の金利負担を気にする必要がなくなったからでもある。金利の負担を気にせず政府債務を増やせるので、低金利の間は、財政支出をいくらでも増やしてよいのだ、という考えがアメリカのマクロ経済学者の間でも広がった（Blanchard 2019 ほか）。

特に、コロナ禍で財政支出が激増したときにその傾向は強まり、二〇二二年からインフレが激しくなるまでは「低金利の環境では政府債務の心配をせずに財政支出を増やせばよい」という議論がリベラルな経済学者の間で主流となった。この動きの中では、FTPL（Fiscal Theory of Price Level：物価水準の財政理論）やMMT（Modern Monetary Theory：現代貨幣理論）などの新奇な議論も提起されたが、基本的には、昔からある教科書通りの議論が主流になったということである。つまり、「流動性の罠（名目金利が下限に達した状態）においては、景気刺激策として財政政策が有効だ」という従来のケインズ経済学の議論である。なお、FTPLやMMTについては、第4章で論じる。

ご都合主義の財政政策論

こうした財政政策待望論がアメリカの経済学者の間で盛り上がることに対して、日本の経済学者の間では「驚きと落胆」（早川英男）の声が上がった。以下では、元日銀理事の早川英男が、富士通総研からオンラインで発表したレポート「MMT（現代貨幣理論）――その読解と批判」の補論を参考に、筆者の解釈を加えつつ、日本のエコノミストの反応を紹介しよう。

まず日本の原体験としてあるのは、バブル崩壊後に大規模な財政政策を実施したが景気回復をもたらすには不十分だった、ということである。

一九九〇年代には、大型の公共事業や減税が繰り返され、それは大恐慌を防いだかもしれないが、経済の長期低迷は防げなかった。九〇年代を通じて毎年一回か二回の巨額の景気対策（財政政策）が繰り返されたものの、九〇年代末には戦後初の銀行危機が起き、財政政策では問題が解決できなかったことがはっきりした。

一九九〇年代末から二〇〇〇年代初頭にかけては、日本でも、低金利で民間投資が低調な状態では財政出動で需要を追加するしかない、という議論（野村総研のリチャード・クーによるバランスシート不況論など）があったが、その当時の日本では、財政は限界までやり切ったという暗黙のコンセンサスもあって、そのような議論が大きな支持を得ることはなかった。当時、アメリカの経済学者たちも、日本での財政政策は効果がないと見て、日本に対して非伝統的な金融政策を実施するように迫ったのである。

二〇〇八年から現在までのアメリカの議論は、このような二〇〇〇年代初頭の日本の議論とはちょうど逆になっている。アメリカでは危機当初から金融緩和が先行し、すみやかにゼロ金利に到達したため、財政政策への期待が高まったのである。

つまり、マクロ経済学界は、バブル後の日本に対しては「財政政策は限界なので、非伝統的金融緩和をやるべきだ」といい、リーマン・ショック後のアメリカについては「金融政策は限界なので、これからは財政政策だ」という。ところが「かつての日本では財政政策は効かなかったが、現在のアメリカではこういう理由で効くのだ」という納得できる説明はない。財政政策の有効性の論拠は、基本的に昔からあるものばかりである。

単に、財政政策がダメなら金融政策を試す、金融政策がダメなら財政政策を試す、というご都合主義なだけで、「大きな理論的イノベーションがあった様子はない」（早川）。日本のエコノミストが驚き、落胆したというのもうなずける。

5　危機からの教訓

リーマン・ショックに端を発する世界金融危機は、日本の特殊な経験と思われていた「バブル崩壊→不良債権問題→長期停滞」という経済危機が、実は、いつどこでも起こりうる人類共通の問題だったことをあらわにした。

特に、エリザベス女王の質問から明らかになったように、当局や市場関係者の「縦割り思考」が問題の早期発見や効果的な解決を阻害したという構造は、どこの国でも同じなのだと分かる。規制当局も、様々な金融機関も、細分化された分業構造のもとで、自分の管轄領域以外の経済の全体像が見えなくなっていたのである。

また、マクロ経済学にも慢心があった。一九七〇年代の合理的期待革命の後、マクロ経済学は、家計や企業などの経済主体がお互いに相手の思考を読み合う再帰的思考（＝思考についての思考）のシステムとして、経済全体を捉えようとしてきた。その過程で、分析するために必要だとして様々な単純化の仮定を置いて「簡単に解ける経済モデル」を作ってきた。単純化した理論モデルのことを、理論家は toy model（おもちゃのモデル）と呼んで自嘲していたが、そこには理論分析という営為の妥当性には厳しい限界があるという自戒と謙虚さがあった。

それがいつしかtoy modelに様々な複雑性が付け加えられ、あたかもプトレマイオスの天球のごときDSGEモデルができあがった。市場が過熱する「大いなる安定」の時代において、DSGEモデルはデータとフィットするので、いつしか「これが経済の真の姿ではないか」と皆が思うようになっていった。本来は、経済システムのひとつの側面をあらわすはずのおもちゃ(toy model)が、経済システムのすべてをあらわすものだという錯覚が広がった。順調な現実経済をみて、いつしか経済学界も謙虚さを失っていった。危機からの最大の教訓は、だれもが慢心に陥りうるということかもしれない。

第4章　格差拡大と長期停滞
——新たな問題にどう対処するか

1　格差は循環するか?

格差は拡大したか

一九九七～九九年の日本の銀行危機を境に、雇用第一という日本企業の常識は崩れ、非正規雇用が急増したことから、格差拡大が社会問題として大きく取り上げられるようになった。格差への批判は、二〇〇〇年代前半の構造改革路線（小泉純一郎政権）に対する批判でもあった。「新自由主義の小泉路線が格差を拡大した」と言われ、それが社会の共通認識のようになったこともあり、その後の政権では構造改革の動きは鈍った。

しかし、格差が二〇〇一年からの小泉政権における政策のために拡大したのかというと、そうとは言えない。ジニ係数（所得の不平等度をあらわす係数。〇から一までの値を取り、〇に近いほど社会は平等であり、一に近いほど不平等であることを示す）で測った所得格差の拡大は、一九八〇年代から広がっていた。この時期、日本の高齢化が進んだために格差が拡大したように見えたのだと、大阪大学の大竹文雄は指摘している（大竹2005）。

もともと若年世帯より高齢世帯のほうが所得格差は大きいので、高齢世帯の割合が増加すると、見た目の所得格差が拡大する、と大竹は指摘した。同じ年齢層の中で見れば所得格差は拡大していないが、高齢化が進むと社会全体では格差が拡大したように見えてしまうのだ。こうした事実にかんがみると、構造改革が格差拡大を引き起こしたという見方は、多分に政治的で意図的な見方と言えよう。

二〇〇〇年代前半の世相について筆者の印象に残っていることは、若い世代が構造改革を比較的強く支持しているという当時の世論調査の結果である。雇用不安のため、小泉政権の構造改革路線に不満があるだろうと思われていた若い世代も、実は構造改革で社会を変えてほしいと願っていたのだ、と驚いた記憶がある。ちなみに若者の構造改革支持については二〇〇〇年代半ばの論壇で話題となり、多くの論評が出された。たとえば菅原（2006）は二〇〇五年の総選挙での若者の行動について詳しく分析している。

一九九〇年代から二〇一〇年代にかけてのジニ係数を確認すると、年金などで所得再分配を行う前の「当初所得ジニ係数」は徐々に上昇したが、再分配後の「再分配所得ジニ係数」はほほとんど上昇がみられない。所得の不平等の度合いは三〇年間であまり上がっていない。ただ、主要先進国の中では、日本のジニ係数は再分配後もやや高い。つまり、国際的にみて、日本の不平等の度合いが高めであることには注意が必要だ。また、ジニ係数に出てこない問題として、特定の境遇の人々に社会のしわ寄せが行く傾向がみられる。シングルマザーのように、大人が単身で子供を育てている世帯は、相対的貧困率が常に五〇パーセントを超えて高止まりしている（この傾向は一九八〇年代からみられる）。

さらに、九〇年代末から大きく変化したこととして、非正規雇用の増加がある。非正規雇用は八〇年代も緩やかに増えていたが、九〇年代の後半まで、雇用者数の二〇パーセントにとどまっていた。それが九〇年代後半から急激に増え、コロナ禍前の二〇一九年には四〇パーセントに近づいている。日本の格差問題は、シングルマザーの貧困や望まない非正規雇用というかたちで、たしかに存在している。ちなみに、非正規雇用の比率が最も急激に増えたのは一九九七年の銀行危機の前後の数年であり、小泉構造改革路線はその後である。

格差拡大への怒り――米欧の動向

日本だけでなく、欧米でも一九八〇年代から格差の拡大は続いていたが、二〇〇八年からの世界金融危機をきっかけに、この問題は大きく政治問題化した。

アメリカや欧州では、金融危機の後、金融業界の主要な経営者たちは罰せられず、銀行は公的資金によって救済された。一方、多くの一般市民は住宅バブルの崩壊で家を失い、職を失い、経済的苦境に陥った。この状況は、経済格差の拡大に対する強い怒りを米欧の社会に喚起した。アメリカでは、一九九〇年代から二〇〇八年にかけて、上位一パーセントの所得階層の人々の所得割合が、一〇パーセントから二〇パーセントに急上昇していて、残り九九パーセントの人々の間では、所得が増えないどころか減っている人が多かった。金融危機に際して、上位一パーセントの人々である銀行経営者が税金で救済されたことによって市民の怒りが爆発した。「私たちは九九パーセントだ（We are the 99%）」「ウォールストリートを占拠せよ（Occupy Wall Street）」を合言葉にして格差拡大への抗議運動が広がった。

ピケティの『21世紀の資本』

既存の経済学や経済政策のパラダイムに対する疑念や反発も高まった。それを象徴する出来事として、仏経済学者のトマ・ピケティが書いた『21世紀の資本』（英語版は二〇一四年に出版）が世界中でベストセラーになったことや、マルクスの『資本論』がふたたび広く読まれるという現象が起きた。

ピケティは「市場競争に任せれば、必ず所得格差は広がる」とし、その根拠として、資本の収益率（r）とGDPの成長率である経済成長率（g）を比べると、経済学の理論や実証分析から「長期的には必ずrはgより大きくなる（つまり、r＞g）」と論じた。「r＞g」が長期的に成り立つという事実は、たしかにその通りだろう。

さらに、この不等式をもとに、通常の経済学が言わなかったことでピケティが言ったことがある。それは、「資本家の資本所得（利子や配当）はrの率で増え、労働者の賃金所得はせいぜいgの率で増えるから、資本家と労働者の所得格差は開く一方になる」という主張である。この議論は単純で力強く、「なるほど」と言いたくなる分かりやすい格差拡大論だが、「だから市場競争に任せると格差は必然的に拡大する」というピケティの結論には、経済学者から多数の批判や異論が出た。後述の通り、格差拡大の原因はいろいろ指摘されていて、ピケティの説明が正しい、というコンセンサスはできていない。

ピケティへの反論は、たとえば、労働者も賃金所得の一部を貯蓄に回すので、その貯蓄はrの率で増えるというものだ。逆に資本家も資本所得の一部は消費に回すので、その分は、来期の資本所得を減らすことになる。また、資本収益率rは平均値なので、資本が必ずrの率で増えるわけではなく、ゼロになるリスクもある。

ピケティの「r＞g だから格差拡大は必然」という議論は、「経済全体の資本ストックがすべて資本家に保有され、資本家は消費をせずに資本の蓄積を増やすだけ。労働者は貯蓄をしないで消費をするだけ」という極端な仮定があれば成り立つが、そうでなければ成り立たない。だから経済学者たちから見ると、ピケティの立論には納得しにくいのである。

ただ、ピケティのいうように市場競争の中で格差が拡大してきていることも事実である。ピケティは富裕税を富裕層の資産に課し、再分配政策を強化することによって格差を是正することを主張した。ピケティは格差拡大と縮小の歴史を振り返り、第二次大戦後に先進国で格差が縮小したのは、戦時中の増税や社会保障制度の充実など、所得再分配が強化されたためであって、市場競争に任せていただけでは、格差は縮小しなかったはずだと論じた。

格差拡大の要因

一九八〇年代以降の先進各国での格差拡大は何が原因だったのだろうか。この問題については、ピケティの「r＞g」以外に、「グローバル化」「技術進歩」「制度・政策的な要因」が指摘されている（古金2017）。

「グローバル化」は、中国などの途上国の経済発展によって安い製品が先進国に輸入されるようになり、先進国の労働者の所得が減少するというメカニズムで格差を拡大させると想定された。先進国の労働者は、途上国の労働者と競争を余儀なくされ、先進国の労働者の賃金が引き下がってしまうというわけである。このメカニズムは、経済学では「要素価格均等化定理」として知られている。

「技術進歩」は、ITなどの技術進歩によって、それに適応できる人と、適応できない人との間に大きな所得格差が開くということである。特に社会のあり方を根本的に変える基幹技術（General Purpose Technology：GPT）は大きな影響があると考えられる。産業革命期に労働者の仕事を奪ったとして機械打ち壊し運動（ラッダイト運動）が起きたが、これが技術進歩による格差問題の典型例である。

「制度・政策的な要因」とは、労働組合の組織率の低下や、労働規制やその他の規制の緩和によって、労働者の交渉力が落ちて賃金が下がることなどを指す。

この三つの要因のうち、「グローバル化」は近年の格差拡大の要因とはいえないと示唆する研究がある（OECD 2014）。グローバル化が格差拡大の要因ならば、先進国で労働分配率が下がり、途上国で労働分配率が上がるはずであるが、実際には、先進国でも途上国でも労働分配率が低下していた。したがって、グローバル化は格差拡大の要因とはいえないというわけである。OECDの研究では、近年の世界的な格差拡大をもたらしているのは、「技術進歩」と「制度・政策的な要因」の二つが大きいとされた。

トリクルダウン説――主流派経済思想の反省

一九九〇年代から二〇〇〇年代前半の「大いなる安定」期には、格差をめぐる暗黙のコンセンサスとして、トリクルダウン説が経済学者や政策当局者に共有されていた。高い経済成長さえ実現すれば、成長の果実は富裕層からその下の階層へと滴り落ち（トリクルダウン）、最終的にすべての所得階層の人々に至るので、格差が過度に広がることはない、という説である。

しかし、トリクルダウンで格差が縮まると証明する理論メカニズムは提示されていたわけではない。スティグリッツは「貧困の持続的な削減が確実な経済成長なしに実現されないのは真実だが、その逆は真ではない」(スティグリッツ2002)と述べ、経済成長が進んでも格差が大きくなった例は多数あると指摘している。

しかし、そうした議論はあまり受け入れられず、一九九〇年代以降の主流派の政策思想は、トリクルダウンで予定調和的に格差が是正されるであろうことを「前提」にして成長を目指すものだった。政策当局者に格差是正への意志が希薄だったともいえるし、経済成長を高めるための政策(たとえば労働の規制緩和)を実施するにあたって、格差の拡大を防止しようとする配慮が乏しかった。

また、経済学者や市場エコノミストにも、格差拡大によって政治的な不安定化が起きるかもしれないという危機感は弱く、「市場システムは強固だ」という楽観論が共有されていたように思われる。格差拡大が、経済システムを超えて、政治や社会にもたらす影響は思った以上に大きかった。現実には、二〇一〇年代に欧米でポピュリスト政治家が台頭し、米トランプ政権のTPP不参加など、グローバル化への反発が市場経済の基盤となる政策にブレーキをかけた。トリクルダウンの予定調和は起きず、起きたことは市場経済システムにおける自由競争の政治的な結果が、自らの基盤である市場システムを掘り崩すという自己破壊のプロセスであった。

トリクルダウン説は、一種の楽観的な信念・信条だといえるが、この信条が生まれた背景には、経済発展とともに格差は縮小すると論じた「クズネッツカーブ」仮説がある。

サイモン・クズネッツは、経済発展とともに初期は格差が拡大するが、経済が成熟すると格差は縮小すると論じた。クズネッツの仮説が正しければ、横軸に経済発展の時間をとり、縦軸に「格差の度合い（ジニ係数など）」をとってグラフを描くと、最初は格差の度合いが上ってその後は下がるという逆U字型になる。この逆U字曲線を、クズネッツカーブという。

クズネッツの理論は次のように説明できる。経済発展の初期段階は農業社会なので人々の所得格差は小さいが、近代的な産業技術を取り入れて産業資本の蓄積が進むにつれて、資本家と労働者の分化が起きて格差が拡大する。これが一九世紀から二〇世紀初めの欧米や日本の状況である。その後、経済の主力が製造業からサービス産業に移ることで格差は縮小する。また、社会が政治的に成熟するとともに社会保障制度の整備などによって所得が再分配され、格差の是正が進む。これが二〇世紀半ば以降の状況である。

岩井克人は次のように述べる。こうしたクズネッツの経済発展観は「実証的にもある程度のサポートを得ていて、クズネッツカーブはおおかた正しいというのがコンセンサスだった。このことが、平等化のためにまず必要なのは、国が豊かになることである、という主流の政策思想にもつながってきた」（岩井２０１４）。これがトリクルダウンの思想の基盤となった。

技術変化と格差——どちらがどちらの原因？

クズネッツの議論は、経済発展と社会の成熟にともなって自然に格差は縮小するというものだった。その要因はサービス産業化のような「技術変化」と、福祉国家路線の政策という「制度・政策の変化」が混じり合っている。

ピケティの議論では、特に制度・政策に重点が置かれている。つまり、市場経済には格差拡大の基本的傾向が常に存在していて、戦時下での富裕層への増税や福祉国家路線の政策が格差を是正したのに対し、一九八〇年代からは福祉国家的な体制から新自由主義的な体制へと制度・政策の体系が変化したから、格差が拡大したのだ、とピケティは言う。

そうした制度・政策の変化とは別に、一九八〇年代以降の大きな技術的な変化、すなわち、情報通信技術の革命的な進展が格差拡大の要因であったことも多くの研究で指摘されている。社会の根幹に関わる基幹技術が変化すると、新しい技術体系に適応できる人や企業と、適応できない人や企業との間で所得格差が拡大する。

こうした技術の変化と格差の変化との相互作用をダイナミックに考える枠組みとして注目されているのが、マサチューセッツ工科大学教授のダロン・アセモグルの「方向付けられた技術変化（Directed Technical Change：DTC）」理論である。

DTC理論は「希少な生産要素（資源）を節約し、豊富にある生産要素（資源）を多く使う方向に、技術は変化していくはずだ」と主張する。少ない資源を節約し、余剰資源をたくさん使うほうが、企業にとっては利益が大きい。企業は利潤最大化を目指すので、彼らの技術開発は「希少資源の節約と余剰資源の活用」という方向に流れていく。結果的に、社会全体で普及する技術も、そうした方向に変化していく。これがDTC理論である。

アセモグルは、DTC理論を使って、一九世紀のアメリカとイギリスにおける技術発展の違いを論じている（Acemoglu 2002）。一九世紀のアメリカでは、土地が豊富にあり、労働力が希少だったので、労働節約型の技術が発展したのに対し、当時のイギリスでは土地が希少であり、労働力が豊富だった。そのため、イギリスでは資本節約型の技術が発展したというのである。

さらに、アセモグルは二〇世紀末のアメリカで格差が拡大したことを次のように説明する。まず、格差の拡大は、高学歴・高技能の人材の賃金と非熟練労働者の賃金の差が広がったことだと捉える。アセモグルは、高学歴人材という生産要素が増えたため、彼らをより一層使う方向に技術変化が起きて、結果的に彼らの賃金が相対的に上昇したのだ、という。ベースにあるのは、二〇世紀後半のアメリカの高学歴化である。高学歴化が進んだ結果、高学歴の人材が豊富に供給されるようになった。企業は非熟練労働者に比べて相対的に増えた高学歴人材を以前よりも活用する方向に技術を変化させ、その結果、高学歴人材への需要が増えて、彼らの賃金が上昇した。一方で非熟練労働者への需要は減って彼らの賃金は低下した。こうして高学歴人材と非熟練労働者の賃金差が拡大したのである。

つまり、社会の高学歴化をスタート地点として、技術変化と格差拡大がいわばスパイラルのように相乗的に進展した、とアセモグルは指摘しているのである。

格差循環という展望

アセモグルの議論を、もっと長期で考えると、格差は一方的に拡大するのではなく、どこかで反転して縮小し、そしてその先でさらに反転して格差が拡大する、という循環的変化の未来像が見えてくる。新しい基幹技術が現れることに対応して、格差拡大と格差縮小が交互に起きる「格差循環」という展望である(小林2012)。

DTC理論によると、技術変化が進むと豊富にあった生産要素への需要が増え、その生産要素の値段が上がる。アセモグルは、高学歴人材が豊富に供給されたので、彼らへの需要が増え、高学歴者の賃金が上がって格差が拡大したのだという。

ではこれが続くとどうなるだろうか。

高学歴人材を使う技術が進展すれば、非熟練労働者への需要が減り、非熟練者が大量に余ってしまう。非熟練者とは、現在のIT革命にじゅうぶんに適応できない人たちである。すると、非熟練者という生産要素が豊富に供給され安価になり、一方で高学歴人材は希少で高価になる。このような経済環境になると、今度は、安価で豊富に供給される非熟練労働者をもっと活用する方向に、企業は技術開発の舵を切るはずである。こうして技術変化の方向が変わり、いずれ非熟練労働者を使う技術が普及し、非熟練労働者への需要が高まるので、彼らの賃金は上がっていく。結果的に、賃金格差が縮まり、所得格差は縮小する。

つまり、格差が拡大すると、技術進歩の方向性が非熟練労働者を活用する方向に変わり、非熟練者の賃金が上がって格差が縮小する。その後は、また新しい基幹技術が生まれれば新技術に適応できる高度人材への需要が増え、技術進歩の方向が非熟練労働者を使わない方向に変わり、格差が再拡大する――。

このように、格差の変化と技術進歩の変化は、お互いがお互いの原因となって、循環的に変化する可能性がある。つまり、格差拡大と格差縮小が数十年周期で繰り返す、「格差循環」である。クズネッツカーブは一回きりではなくて、何度も繰り返されるかもしれない、ということである。ただし、格差循環仮説はあくまで大まかな仮説であり、精密な理論化はこれからの課題である。

「格差原理」　公共哲学の視点

格差に対する政策対応を考えるにあたって、参照すべき重要な基準として、政治哲学者ジョン・ロールズが提唱した「格差原理（Difference Principle）」がある。格差原理は、公共哲学として容認されるべき格差の基準を示したものである。ロールズは、一九七一年に出版した『正義論』で、当時の社会保障制度の充実を目指す福祉国家路線の潮流を理論的に正当化するリベラルな公共哲学を作り上げた（Rawls 1971）。

その概要を簡単に見ておきたい。ロールズがいう格差原理とは、「格差は、最も不遇な人の効用を最大にする場合にのみ許容されるべきだ」という考え方であり、ひとつの価値規範である。格差原理がユニークなのは、これが先験的（アプリオリ）な価値規範として与えられているのではなく、社会契約として論理的に導出されている点である。

社会契約とは、社会制度はこうあるべきだという人々の暗黙の共通理解だと言える。ロールズは『正義論』の中で、「仮想的な原初状態で人々が合意できる事項」が、現実社会でも社会契約として暗黙に合意されているのだと論じた。ロールズがいう原初状態（Original Position）とは、人々がこの世界に生まれ出る前の状態であり、原初状態では自分がどのような境遇に生まれるか分からない（家の財産や社会的地位、自身の知力や体力など）。自身の境遇を知らないという意味で、これを「無知のヴェール（Veil of Ignorance）」で覆われた状態ともいう。ロールズは、無知のヴェールで覆われた原初状態で人々が社会制度や政策について話し合い、そこで合意に達したことが公正な社会契約となると論じた。

筆者の解釈では、「原初状態での話し合い」とは議会制民主主義のモデルそのものであり、無知のヴェールで覆われた人々とは、自分の立場や選挙区の利害を超えて国民全体の代表者として思考し行動する国会議員のモデルである。原初状態で合意できる社会制度は、人々の個別の利害に影響されずに人間の一般的な理性によって合意できる事項であるから、公正であり、万人が守るべき「規範」となるのである。

ロールズは思考実験で、所得や資産の格差をどこまで許容すべきか、原初状態で人々が話し合うと想定した。人々は「自分が社会の中で最も不遇な境遇に生まれるかもしれない」と考え、それに備えて「最も不遇な人々の効用がなるべく高くなるべきだ」とも考える。その一方、全員の所得を同じにして格差を完全に無くしてしまうと、誰も真面目に働かなくなって経済成長が止まるだろう、とも心配する。格差をなくしたことによって経済成長が止まれば、全員の所得が減り、その結果、最も不遇な人々の効用は、逆に悪化してしまう。

このように考えた原初状態の人々は、「社会の最も不遇な人の効用の絶対レベルを最大にする場合だけは、格差は容認される」という考えで合意する。最小（ミニマム）の効用を最大（マキシマム）にするという意味で、格差原理は、マキシミン・ルール（Maximin Rule）の一種である。

ちなみに、ロールズの格差原理の導出は、経済学的な論証と親和性があり、経済学者による研究も多い。人々がマキシミン・ルールにしたがうのは、人々が「曖昧さ」回避的な傾向がある場合だということが、数理経済学で知られている（Gilboa and Schmeidler 1989）。経済学的に解釈すると、ロールズは、原初状態の人々が「曖昧さ回避的」であることを仮定していることになる。

「曖昧さ」は通常のリスクと異なる概念で、確率分布が知られている不確実性が「リスク」、確率分布すら分からない不確実性が「曖昧さ」と呼ばれる。曖昧さの概念は、提唱者である経済学者フランク・H・ナイトの名前をとって、「ナイトの不確実性」とも呼ばれる。

ロールズの格差原理からは、経済成長を大きく阻害しない限りは所得の再分配政策を強化すべきだという規範が生まれる。つまり、最下層の人の効用を増やせる限り、再分配を強化すべきだが、ある限界を超えて再分配を強化すると、人々の勤労意欲が失われて経済成長が低下し、最下層の人の効用がむしろ悪化する。それ以上、格差を是正しようとすると「皆が平等に貧乏になる」ので、誰にとっても不幸な状態になる。そうなる場合には、格差を容認すべきだとロールズは論じた。この点が、ロールズの思想と完全平等を目指す共産主義との違いである。

2　長期停滞論

危機後の不況はいつまで続く？

世界金融危機の後の経済学界や政策論壇で、格差拡大とともに大きなテーマとなったのが長期停滞（Secular Stagnation）である。先進国の経済成長が長期的に低迷していくのではないかという議論は二〇一二年ごろから出始め、二〇一三年にローレンス・サマーズが「長期停滞」という言葉を用いると俄然《がぜん》注目を浴びるようになった（Summers 2014 ほか）。

長期停滞という言葉は、一九三八年にアメリカ経済学会の会長講演でアルヴィン・ハンセンが提唱したもので、一九三〇年代の世界恐慌による経済停滞がこのまま永続するという悲観論を述べたものである。その後の第二次大戦や朝鮮戦争を経て、アメリカ経済は高い成長を実現したので、歴史的にはハンセンの説は間違いだったということになるが、この言葉をサマーズが二〇一三年のＩＭＦでの研究会議で使い、現代に復活させた。

サマーズは、二〇〇八年の世界金融危機後に各国で経済成長率が腰折れし、その後も低成長が続くとの見通しを示した。経済成長率に加えて、実質利子率（現実の利子率も、市場の需給が均衡する自然利子率も）やインフレ率も、危機の前から低下傾向にあることを指摘し、「成長率、金利、インフレ率」の三つが長期的に低下していくことを指して長期停滞（セキュラー・スタグネーション）と呼んだのである。

長期停滞の要因は

サマーズが長期停滞論を提起してから、これがマクロ経済学研究の主要テーマとなった。長期停滞が起きるとしたらどのような要因で起きるのか、という疑問に世界中の経済学者がチャレンジした。

サマーズが長期停滞論を言い出す前の二〇一二年から世界経済の長期低迷を警告していたのが、ノースウェスタン大学教授のロバート・ゴードンである（Gordon 2012）。ゴードンの説は、「技術進歩が永続するとは限らない」というものだ。彼は、経済成長の供給サイドの要因である技術進歩が「たまたま過去二〇〇年は高い率で起きていたが、それがこれからも続くとは限らず、技術進歩による経済成長は今後は起きないかもしれない」と論じた。

過去二〇〇年間、アメリカやイギリスでは年平均二パーセントの実質経済成長率を実現していた。たしかに、技術進歩が過去二〇〇年続いたからと言ってそれがこれからも続く保証はない。ゴードンは「上水道や電気は我々の生活を大きく変えたが、コンピュータゲームはなくても生きていける」と断じた。第四次産業革命とも言われる情報通信技術の革命には、人間社会に経済成長をもたらす大きな力はないと述べたのである。

しかし当然ながら、多くの経済学者はゴードンの見方に疑義を唱えた。新しい基幹技術が生まれても、社会や経済を大きく変えるまでには何十年も時間がかかる。電気が発明された際、当初は一般社会を動かす影響は皆無だったが、八〇年ほどの時間をかけて人間活動の主要な原動力になった。同じように、情報通信技術も、何十年かの段階を経て、社会を動かす基幹技術になるはずだと多くの経済学者は考え、ゴードンの技術停滞説には賛成しなかった。

こうして、長期停滞を招く供給サイドの要因については早々に論点から外れ、その後は需要サイドに議論が集中した。サマーズは、金融危機の後遺症で「貸し渋り」が長引き、その結果、設備投資が減って総需要が減少するという経路を想定していた。ブラウン大学のガウティ・エガートソンたちは、このような考え方を理論モデルに定式化した（Eggertsson et al. 2019）。

他にも、過剰借入れの家計が増えたことで総需要が低迷し、金利も下がる、と論じた「借金漬けの需要（Indebted Demand）」という研究論文もある（Mian et al. 2021）。一般的に、借り手は消費を減らし、貸し手は消費を増やすが、借り手は消費を大きく減らす一方で、貸し手の消費増加は小さい、という非対称性があるため、経済全体で債務が増えると総需要が停滞するという（ちなみに、ミアンたちのこの論文は、「資産を保有するだけで満足感が得られる」という必ずしも現実的とは言えない効用関数を仮定しているので、理論的には問題があると指摘する経済学者もいる）。民間債務の累積や貸し渋りなど金融危機によって生じた問題で、総需要が著しく長く低迷するというのが「長期停滞論」の大まかなコンセンサスである。

長期停滞論の「r＜g」とピケティの「r＞g」

長期停滞では、経済成長率gだけでなく金利rも低下する。むしろ、金利が低下しすぎて「r＜g」の状態になることから、金利というコストがあまりかからないのだから政府は借金を増やして財政政策をやるべきだという財政政策待望論が高まった（第3章第4節を参照）。

この長期停滞論で論じられる「r＜g」という事実は、ピケティが格差拡大の根拠としていた「r＞g」という事実と両立するのだろうかと疑問を感じる読者がいるかもしれない。しかし、実は、「r＜g」と「r＞g」は両立する。長期停滞のrとピケティのrは、同じ記号rを異なる概念として使っているからである。

長期停滞論で低下していると言われている金利rは安全金利である。貸し倒れのリスクが小さい安全資産の金利をあらわしていて、国債などの金利を指す。貸し倒れリスクのある貸出金利に比べると、信用リスクが小さい分だけ、安全金利は低くなる。経済が停滞して不確実性が高まれば、安全金利は成長率gよりも当然低くなる。

一方、ピケティの格差論でいう「r＞g」のrは、株式などのリスク資産も含んだ資本ストック全体の平均的な資本収益率である。つまりピケティが見ているrは、ROA（総資産利益率）に近い概念である。過去二〇年程度を見ると、先進諸国では、安全金利は低下する傾向があるが、ROAは下がっていない。そもそも、国債のような安全資産の金利が低いことと、リスク資産を含む資本ストック全体の資本収益率が高いことは両立するのがむしろ普通なのである。

リーマン・ショックの後、国債の金利（安全金利）が下がったが、一方で、リスク資産も含めた資本収益率は高いままなので、それに連動する富裕層の金融所得は減っていない。長期停滞が起きると同時に、格差も拡大するのである。

3　新しい財政政策論の問題点——FTPLとMMT

耳目を集める新説？

金融危機後の格差拡大と長期停滞の中で、財政政策に対する期待が高まったことはすでに述べた。伝統的なケインズ経済学にもとづく財政政策への期待だけではなく、新しい理論として耳目を集めたのがFTPL（Fiscal Theory of Price Level：物価水準の財政理論）とMMT（Modern Monetary Theory：現代貨幣理論）である。

この二つは似たような新奇な議論と思われがちだが、学界での位置づけはかなり違う。FTPLは一九九〇年代からある学説で、プリンストン大学教授で二〇一一年にノーベル経済学賞を受賞したクリストファー・シムズが、二〇一六年のジャクソンホール会議でFTPLにもとづく政策提言をしたことがきっかけになり、近年になって大きな注目を集めるようになった。FTPLは合理的期待のフレームワークで考えられた理論であり、主流派経済学と同じ理論体系の中のひとつの学説と位置づけられる。

一方、MMTは合理的期待や最適化などの通常の経済学の枠組みでは語られない。MMTは、会計的に正しい一面もあるのだが、通常の経済学の記述様式と違うので、基本的に議論が噛み合わないのである。

以下では、FTPLとMMTをそれぞれ概観し、いずれも日本の長期停滞脱却の処方箋としてはあまり期待できないであろうことを論じる。

FTPL――財政政策によるデフレ脱却

先述したシムズのジャクソンホール会議での講演は、金融危機後の低インフレを脱却する方法として財政拡大を主張するもので、その根拠として使ったのがFTPLだった。

FTPLと伝統的な経済学との違いを説明するには、政府の通時的な予算式（バランスシートの式）を見るだけでよい。政府の通時的な予算とは「現在発行されている政府債務は、将来の財政余剰（つまり税収から歳出を差し引いた余り）のフローによって返済される」という関係を示し、式では次のように簡単に書ける。

$$D = Ps$$

ただし、Dは政府債務の名目額、Pは現在の物価水準である。最後のsは現在から遠い将来までの実質財政余剰の割引現在価値の合計である。一言でいえば、sは政府がこれから将来にかけて得る「純利益」の合計の現在価値ということである。このsの価値の単位は、現在の「財・サービス」を基準として計測している。

つまり、sは現在の「財・サービス」で測った実質価値。Psは、現在の「財・サービス」の価格Pをsにかけたものなので、名目値（つまり貨幣単位）であらわされた財政余剰である。財政余剰の名目値Psはインフレなど金融政策に影響されるが、財政余剰の実質値sは政府の徴税能力や統治能力などにもとづく「財政政策」によって決まる。

この式（以下、「政府予算式」と呼ぶ）の解釈が、通常の経済学とFTPLでは大きく異なる。通常の経済学では、「物価水準Pは先に決まっている」と考える。さらに、発行済みの政府債務Dも、すでに額面は決まっている。すると、通常の経済学では、「この式は、すでに決まったDとPの下で、財政政策sを決めるための、予算「制約」式である」と解釈する。つまり、政府は、DとPを所与の条件として、D＝Psという「ハードル」を満たすように、財政余剰sを決めさせられるのである。これが通常の経済学の解釈であり、物価水準Pは政府の財政政策よりも前に決まっている、ということの意味である。

しかし、FTPLはそう考えない。政府予算式で、発行済みの政府債務Dはすでに決まっている（これは通常の経済学と同じ）。しかし、「物価水準Pと財政政策sのどちらが先に決まるというルールはなく、財政政策sが先に決まったとしても、政府予算式が結果的に満たされるように物価水準Pが変化する」と考える。

FTPLの論者は、「政府予算式は政府の財政政策に対する制約条件ではなく、物価水準Pと財政余剰sが結果として満たすべき予算「均衡」式だ」と考える。

つまり、「物価Pが先に決まって、財政余剰sが後で決まる」のではなくて、「財政余剰sが先に決まって、物価Pが後で決まってもいいのだ」とFTPLは主張する。政府の財政政策sは予算の制約を受けずに自由に決定できて、政府予算式D＝Psが結果として成り立つように、物価水準Pが変動する、とFTPLは考えるのである。

通常の経済学とFTPLは、政府予算式の解釈が違うが、どちらが正しいかについて長い論争があった。実証研究によると、少なくとも平時には、政府は政府予算式を自分への「制約」と認識して行動しており、通常の経済学が正しいという結果が出ている。ただ、政策レジームが変わればFTPLのメカニズムが働くことがありうる、ということは否定できない。

物価を所与の条件として、予算制約に合わせて財政政策を決めることを「リカーディアン」政策といい、予算制約を無視して先に財政政策を決め、後で物価が決まるという政策運営を「ノン・リカーディアン」政策という。ここでは紙幅の関係上、あまり深入りしないが、FTPLはノン・リカーディアンのレジームの下で経済がどう動くかを示す理論であるといえる。

シムズは、FTPLをベースにして、金融危機後のデフレを脱却するためには、政府の債務Dを増やし、実質財政余剰sを減らせばよい、と主張した。政府予算式でDが増えてsが減れば、結果として、物価水準Pが上昇すると言えるからだ。

これは一九九〇年代からFTPLが言っていた内容なのだが、シムズが二〇一六年のジャクソンホール会議で発言したことであらためて日本でも「目からうろこが落ちた」と絶賛され、デフレ脱却策としての積極財政政策が注目を集めた。

FTPLの問題点――長期的な財政収支にどうコミットするか？

ただし、積極財政をすればデフレから脱却できる、とするＦＴＰＬの議論は、日本の長期停滞への処方箋としては少々問題がある。

第一に、ＦＴＰＬの処方箋は昔のケインズ経済学におけるそれとほとんど同レベルだということである。ケインズ経済学の教科書によると、名目金利がゼロ金利の下限に達したデフレの状態（流動性の罠）では、金融政策は無効になり、財政政策だけが景気を刺激する政策として有効になる。これはバブル崩壊の前から分かっていたことである。

ところが、バブル崩壊後に財政政策が効かなかったので、非伝統的な金融緩和によってデフレを脱却しようとしたのが二〇〇〇年代の日本だった。ふたたび財政政策を強化するならバブル崩壊後になぜ財政政策が効かなかったのか、いまは財政政策が有効になるような事情の変化があったのかを明らかにしないと、またバブル後の財政政策と同じように効かないで終わる懸念がある。

筆者は、バブル崩壊後に財政政策が効かなくなった大きな要因は不良債権の累増だったと考えているので、不良債権問題が解決した後の二〇二〇年代なら財政政策はある程度は機能すると考えている。しかし、第5章でも詳しく論じるように、グローバル化による経済構造の変化や将来の財政破綻の不安などの要因で、近年は財政政策の効果が下がっているとの指摘もあるため、財政政策が有効だとは断言することはできない。いずれにしても、そもそも財政政策で解決するべき「需要不足」が、今日本が直面しているもっとも重要な政策課題なのかは大いに疑問である。

二つ目の論点は、理論的な疑問である。FTPLによるデフレ脱却策は、D＝Psの式で「財政余剰sを小さくすれば、物価水準Pが上がる（インフレになる）」というものだが、sとは「将来の財政余剰」の割引現在価値である。「現在の財政政策」を積極財政にすれば、現在の財政余剰は減るが、将来の財政余剰を減らすことにコミットしたことにはならない。

言い換えれば、D＝Psの式のsとは、将来の財政余剰についての人々の期待なのだから、政府が自由に人々の期待sを変えられるわけではない。だから「sを変えればよい」というFTPLの処方箋は、それを実行するための適切な政策手段がないのである。

この問題点は、デフレ論争で指摘したリフレ政策の問題点、すなわち「中央銀行が「将来までずっと金融緩和を続ける」と約束しても、その約束が守られることを「いま」保証する手立ては存在していない」ということとまったく同型である。つまり、FTPLのデフレ脱却策は、「将来の財政についての人々の「期待」を政府はいま自由にコントロールできない」という実施上の困難を抱えているのである。

MMT——国債を買うのに民間資金が不足することはない

MMTは、二〇一六年の米大統領選で民主党のバーニー・サンダース上院議員の顧問だったステファニー・ケルトン（ニューヨーク州立大学）が主張していたことから注目を集めた。M

ＭＴについては通常の経済学のフレームワーク（最適化や均衡など）とはまったく異なる言語で語られている。一般向けの解説書（中野２０１９など）を読むと、ＭＭＴとは経済学ではなく、「経済を見るにあたっての会計的な見方」というもののようである。政策論としてのＭＭＴは、「インフレが起きない限り、自国通貨建ての国債はいくら発行しても害はないので、無制限に財政出動を行うべきだ」という極端な主張をする。ただし、ＭＭＴには部分的に正しい主張があり、そこだけに気を取られるとすべてが正しく見えるので、注意が必要である。

ＭＭＴで正しいのは「「国債発行高が増えすぎて、家計や企業が国債を買いたくても手持ちのお金が足りなくて買えない」という事態は起きない」という主張である。国債の発行残高が右肩上がりに増え続けているので、いずれは家計の金融資産残高を超えてしまうのではないか、と心配する議論がずいぶん前からあった。家計の金融資産がまわりまわって国債を買い支えていることになるので、国債の発行残高が家計金融資産を超えるということは、「民間の経済主体が国債を買いたくてもお金がなくて買えない」ということを意味する。そうなれば海外投資家が国債を買ってくれないと、政府は借金を続けられなくなるので、その時点で財政破綻が起きるだろう、と心配されたのである。

ＭＭＴは「そういう心配はいらない」と言うのである。つまり、国債残高が増えると、それを上回って家計金融資産が増えるので、いつまで経っても「国債残高が家計金融資産を超える」という事態は生じない、とＭＭＴはいう。

実は、この主張に限ればMMTは正しい、と筆者も考えている。この主張は、MMTの「信用貨幣論」と呼ばれる議論から出てくるのだが、信用貨幣論のベースにあるのは、銀行での信用創造である。

高校でも習うように、銀行が信用創造をすることによって、経済全体の貨幣は増えていく。通常の教科書の説明では、まず、最初に現金があって、その現金が銀行に預けられ、銀行がこの現金を企業に貸し出して、貸し出された企業がまたその現金を銀行に預け、すると銀行がこの現金を別の企業に貸し出す……と繰り返していくうちに、銀行にある預金残高（つまり預金通貨）は、もともとあった現金の何倍もの大きさに膨れ上がる。これが通常の信用創造の説明である。

つまり、現金が最初にあり、それが転々流通して預金通貨が創造される、というのが通常の経済学での説明である。

MMTは、現金が流通するのではなく、「銀行が企業に貸出を行うことそのものが預金通貨を創造する行為である」という。実際、銀行がX円の貸出を企業に行うとき、現金は必要ない。銀行は、借り手の企業に預金口座を作らせて、X円という「数字」をその預金残高として帳簿に書き込めば、それで貸出は完了する。X円の貸出にともなって、X円の預金通貨が創造されたことになる。その過程で一切、現金の受け渡しは起きていないのである（一方で銀行はX円の貸出債権を得ると同時にX円の預金債務を背負うことになる）。

このような信用創造のメカニズムから言えることは、銀行借入れの需要がなければ預金通貨が増えず、貨幣供給量（マネーストック）が増えないということである。日銀が日銀当座預金残高などのマネタリーベースを増やしても、民間に銀行借入れの需要がなければ、ブタ積みになり、マネーストックは増えない。そのため、金融緩和でマネタリーベースを増やすだけではデフレを解消できない、財政政策が必要だ、というのがMMTの考え方になる。

政府が国債を発行して銀行が買うときに起きることも、同様に考えると、「国債発行すると、それと同じかそれ以上に家計金融資産が増える」ということが簡単に言える。政府がX円の国債を発行し、それを銀行に売ると、その銀行に政府が持つ口座に預金通貨の数字X円が振り込まれる（本当はもっと複雑だが説明の簡略化のため、民間銀行に政府が口座を持つと仮定した）。政府が国債をX円売却すると、預金通貨がX円創造されるのだ。

政府は、X円の預金通貨を使って、民間の企業や家計に支払いを行うので、最終的に、家計の金融資産がX円だけ増えることになる。つまり、国債がX円発行されると、それに応じて、民間の金融資産がX円増えることになる。これを何回繰り返しても、国債発行高と同額以上に民間金融資産が増えるので、国債残高が民間金融資産を超えることはないのである。だから「民間のお金が足りなくなって国債が市場で消化できなくなる」ということは起きない。これがMMTの主張である。

MMTの問題点①——インフレをコントロールできるのか

ここまでは筆者も同意できる。問題は次の二つの解釈をめぐる問いである。ひとつは「いつまでもインフレにはならないと考えるMMTに対し、財政規律派はインフレが起きたら大惨事になると考えているが、どちらが妥当な考え方か」ということ。もうひとつは、「MMTは財政出動が長期的な経済成長をもたらすと考えるのに対し、通常の経済学では財政出動は「一時しのぎ」なので長期の成長に影響しないと考えるが、どちらが妥当な考えか」ということである。

まずインフレについて。MMTは、インフレになれば増税をして財政を引き締めればよいという。そしてインフレが差し迫るまではいくらでも財政出動を続けるべきだ、という。MMTでは国債発行の量が民間資金の量を超えないとは言えても、物価水準がどのように変動するかはまったく何も言えない。国債発行によって財政支出を増やせば、確実に経済に出回るマネーの量は増えるが、そのときマネーと財サービスの交換比率(物価水準)は市場の均衡で決まるので、安定しているとは限らない。国債の売却未達は起きないというのはMMTの言う通りだが、物価については、制御できないハイパーインフレが起きる可能性はある。

MMTは、インフレが上昇し始めたら、「二パーセントインフレの目標に達したところで、財政支出を減らしたり増税したりして安定財政にすればよい」という。しかしこの議論は、インフレが突如として急加速するような事態を想定していない。だが、インフレが急加速して緊急対応を迫られるケースはありうる。

それを示す好例が、トーマス・サージェントが一九八二年に発表した論文「四大インフレーションの終焉」である（Sargent 1982）。サージェントは、戦間期欧州でハイパーインフレーションを終息させるために、非常に厳しい財政改革を急速に実施することが必要になった事例を報告している。MMTは、インフレが目標を上回って加速したら「増税によって過熱するインフレを冷却すればよい」というが、平時の政治的リアリティを考えると、インフレになったからといってすぐに大増税をしたり歳出削減をしたりできるとは思えない。消費税を五パーセントから一〇パーセントに上げるのに六年もかかったことを考えれば分かるように、増税には年単位の時間がかかる。インフレを抑えるために瞬発的に増税するなどということは非現実的である。

それにしても、税についてのMMTの主張は不可解である。MMTは、「国債の償還は、借換債を発行し続ければよいので、税収で返済する必要はない」という。国債の償還に税収が必要ないのだったら、財政支出はすべて借金（国債）で賄って、そのまま返済しなくていい、ということになるので、「無税国家」が可能になる。

無税国家が可能だという主張はあまりにも常識からかけ離れているので、このようなMMTの議論についていくのは難しい。一方で、MMTは「税を課すことで経済に出回るマネーの量を調節して、物価水準を調整するために、税は存在する」と主張する。「インフレ過熱を抑えるために、貨幣量を減らす必要があるときに税を課せばよい」というのである。税は物価安定のために必要とMMTは主張するのであるが、これは結局、財政支出を賄うために税収を使うということを言い換えたにすぎない。さらに、国債償還のために税収を使うことも認めていることになる。このようなMMTの主張を聞くと、通常の経済学との違いが分からなくなる。

結局、MMTの議論は「インフレが過熱したらそれを抑えるために、増税で財政収支を改善することが必要」と言っているので、FTPLと同じことを言っているのだと思われる。FTPLが政府の予算式D＝Psについて言っていることは、「既発債Dは固定されているので、物価Pを抑えるためには税を上げて財政余剰sを増やすことが必要だ」ということであり、まさにMMTがインフレを抑えるために増税が必要だと言っていることと同じである。つまるところ、MMTが主張する新しいポイントは、「国債発行を増やし続けても、「民間の資金が足りなくなって国債が買い支えられなくなる」ということは起きない」という一点だけであるように思われる。

ただ、MMTの重大な問題は、前述の通り、税制や財政政策を変更するのには年単位の時間がかかるので、インフレ率の変化という週単位の問題には対応できないということである。インフレのスピードには、税財政の対応のスピードはまったく間に合わないのに、それが同じスピードで操作できるかのように論じるMMTは、政策論として大いに問題がある。

ＭＭＴの問題点②――積極財政は経済成長をもたらさない

ＭＭＴをベースにした積極財政論は、財政支出で経済を刺激すれば、長期的にも経済成長が高まると想定している。大きな財政出動をすれば、その財政政策を止めた後も、経済成長が続く、と考えているようである。あたかも眠っていた日本経済が、財政政策という刺激で目を覚まし、その後は自分の足で成長の道を歩み始める、というイメージである。

これに対して、通常の経済学者が抱く日本の長期停滞のイメージは、「足腰の筋力が衰えた病人が必死で歩いているがスピードが出ない」という状況である。病人の日本経済に財政政策で刺激を与えるのは、興奮剤を注射する一種のドーピングであり、注射が切れれば疲弊した状態に戻る。

「財政政策で長期的な成長を取り戻せる」と見るか、「財政政策は一時的な効果しかない」と見るか、ＭＭＴの理論そのものはどちらの立場というわけではなく、ただ「インフレになるまで国債発行を増やして財政出動をしても問題は起きない」と言っているだけかもしれない。しかし、日本でＭＭＴに賛成する人たちは「巨額の財政出動をすれば、それをきっかけにして、経済成長率が恒久的に高まる」と考えている。財政政策が経済成長を高めるとしたら、需要面の効果か、または、供給面の効果のどちらかまたは両方があるということになるが、以下で見るように、どちらも通常の経済学では説明が苦しい。

まず需要面では、通常のケインズ経済学では「財政による需要刺激の効果は一時的」とされる。これは常識的に考えても、政府が今年買い物を増やしてモノが売れたとしても、それが来年減れば、減った分だけモノが売れなくなる、ということから当然と言える。政府の財政による需要刺激が民間に波及して需要が膨れ上がる乗数効果も、一時的な効果として消える。通常の経済学の枠組みでは、「財政政策が需要を刺激する効果によって経済成長率が恒久的に高まる」とはなかなか言えないのである。

MSSE――現代サプライサイド経済学

対して、財政政策の供給面の効果はどうだろうか。

財政出動によって、研究開発投資が行われ、なんらかの新しい技術が生まれれば、経済の供給能力が向上するので、その場合には、恒久的な経済成長率の上昇がありうる。実際、こうした考え方は主流派経済学者からも提唱されている。それは異端的なMMTに対抗して、MSSEと名付けられた。二〇二二年一月のダボス会議で、著名な労働経済学者であるジャネット・イエレン米財務長官が、バイデン政権の財政政策を「現代サプライサイド経済学（Modern Supply Side Economics：MSSE）である」と紹介したのである。

MSSEの要旨は、財政政策の目標を需要刺激から生産性の向上へと転換し、財政で技術進歩を引き起こすことによって賃金の上昇や設備投資の増加を喚起して経済成長を促す、というものである。経済学の研究論文でも、技術進歩を引き起こす財政政策が経済成長率を高めるという理論はある。

問題は、そうした理論は「政府が賢いこと」を前提にしているという点である。政府が財政資金の正しい投資先を知っていて、有望な技術発展をある程度の確率で促せる場合には財政が経済成長を引き起こせる。さらにそれは、民間に任せていては有望な技術開発の投資がじゅうぶんに起きない、という条件付きだ。要するに、「もし政府が民間より賢ければ経済を成長に導ける」ということである。

しかし周知の通り、現実はそうではない。「賢い政府の巨額投資」が最善だとしても、「賢くない政府の巨額投資」は単に資源をムダにする大惨事である。次善は「賢くない政府が、支出を控える」ことだろう。もちろん財政政策で技術革新を引き起こし、経済成長率を高めるという最善を実現するために、「賢い政府」をつくる努力をすることは重要だが、これまでの実績を考えると容易ではない。

政策論に必要なこと——再帰的思考の前提

ＭＭＴの議論では、「人々が政策に対してどのような予想をし、どのように反応するか」ということが深く考えられていないように思われる。ＭＭＴでは、通常の経済学が想定するような合理的期待形成のメカニズムは論じられていない。言い換えると、人々が再帰的思考（他者の思考についての思考）をすることが考慮されていない。しかし実際には、「国民はこう考えるだろう」と政府が考え、国民も「政府はこう考えるだろう」と考え、政府と国民がお互いの思考を読み合う結果として、政策の効果が決まる。

ＭＭＴの積極財政論の処方箋に関しては、以下のように人々が政府の思惑を読んだうえで行動することを考慮すると、政策効果は思ったほど大きくならない。

まず人々は、「いざインフレ過熱となったら増税すればよい」というＭＭＴの処方箋を知っていて、政府がそういう考えを持っていると、あらかじめ認識している。政府が財政支出を増やせば、総需要が増えるので「いずれ物価水準が上がる」と人々は予想する。人々は、「そうなれば政府はＭＭＴの処方箋にしたがって増税をするに違いない」と予想し、その結果、多くの人は、将来の増税に備えて貯蓄を増やし、消費を減らすので、財政政策の効果は小さくなる。これはリカードの中立性命題を言い換えたものと言える。

つまり、ケインズ経済学の財政政策有効論が人々の再帰的思考（経済学では合理的期待）によって否定されたのと同じ理屈で、ＭＭＴの有効性も低いということが示される。

ＭＭＴの間違いは、かつてのケインズ経済学と同様、「人々は政府の思惑を深く読んだりしない」とみなしていることである。ＭＭＴ論者やそれに共感する人々は暗黙のうちに、「一般の人々は、政策を考えている我々よりも愚かである」と、一般市民を下に見ているのではないだろうか。ＭＭＴは「政府の財政政策によって人々の所得が一時的に増えれば、人々は（先々の増税のことを心配せずに）増えた所得を消費や投資に使う」と想定している。これは昔の教科書的なケインズ経済学と同じである。

しかし実際は、人々は政府の思惑を読んで、ときにはその裏をかくように、自らの行動を決定する。相手の思考を読んで思考する再帰的思考が人間の本質と言える。MMTは、そうした人間の本質を軽視し、「MMT論者（為政者）よりも、一般の国民の思考力のほうが体系的に劣っている」とみなしていることになる。このような人間観にもとづく政策論は、倫理的正当性の点でもきわめて問題が大きい。

一般化して言えば、あらゆる経済政策論は、「人々の再帰的思考」を前提にするべきである。再帰的思考を前提にすることは、すなわち、為政者と国民は同等な理性を持った対等な存在である、という現実を認めることである。倫理的にも、為政者と国民が対等な存在であるという認識は民主政の社会の大前提であるし、実際に、為政者と国民は、総じていえばほぼ同等の知的能力を持っている。

共産主義の社会改造は旧ソビエト連邦や中国で何百万人、何千万人という餓死者を出し、カンボジアでは数百万人もの大虐殺につながったが、それらの政策は「為政者は国民より賢い」という前提で強行された。こうした前提は、現実にはまったくの出鱈目《でたらめ》であった。国民は為政者の思惑を読んで、為政者の思惑とは異なる行動をする。為政者が国民よりも賢いということはけっしてないのである。

第5章　「失われた三〇年」とは何だったのか
――要因と展望

1　日本経済の三〇年を俯瞰する

不況の結果がさらなる不況の原因へ

格差拡大、積極財政、超金融緩和などは、長期停滞の結果であったり、長期停滞への対応策であったりするものだが、実はそれらが経済停滞をさらに長引かせているかもしれない。格差拡大すなわち「雇用リスクの拡大」、政府債務の拡大が続いたことによる「将来の財政不安」、非伝統的金融緩和による借り手側にとっての「ゼロ金利の長期化」が、意図せざる結果として、経済停滞を長引かせている可能性がある。

本章では、こうした可能性について論じ、政策的処方箋としても、雇用リスクを緩和するための社会的セーフティネットの改革、財政の持続性へのコミットメント、金融政策の段階的な正常化などを議論する。

長期停滞の背景――人口減少と超高齢化

一九九〇年代から三〇年にわたって続く日本経済の停滞は、「雇用のリスク（格差拡大）」「将来の財政不安」「ゼロ金利の長期化」が原因だったのではないかと筆者は考えている。それは一見、通常の経済論議の常識に反しているように見えるかもしれない。以下で、順番に説明していきたい。

まず、長期停滞の背景にあるのは、人口動態である。一九九五年に生産年齢人口が減少し始め、二〇〇八年からは総人口も減り始めた。国立社会保障・人口問題研究所の将来推計によれば、日本の人口が二一〇〇年に六〇〇〇万人前後になる可能性も高いとされている。

年齢構成も超高齢化が進んでいる。六五歳以上の高齢者の人口は二〇四〇年ごろにピークを打って減少すると予想されるが、若年人口も減るので、高齢化率（六五歳以上人口の割合）はその後も上昇し続け、二〇六五年ごろには三八・四パーセントに達すると見込まれる。人口減少によってその分だけ経済成長率が落ちるのは当然である。また、高齢者は株式などのリスク資産を持つよりも、現金や預金などの貨幣を持つことを好む。そのため、高齢化が進むと貨幣への需要が増えて、モノへの需要が相対的に減少する。つまり、貨幣の価値が上がり、モノの価値が下がるので、物価が下がる（または上昇しない）というデフレ傾向が強まるのである（Braun and Ikeda 2022）。

こうした人口動態による長期経済停滞のトレンドが背景にあるうえに、政策の失敗が長期停滞をさらに悪化させてきた。

不良債権処理の遅延から人的資本の劣化へ

第一の政策失敗は、一九九〇年代から二〇〇五年までかかった不良債権処理の遅れである。不良債権についての情報がなかなか明らかにならず、その処理が遅延したことによって、どこにどれだけの不良債権があるか分からないという疑心暗鬼が社会に蔓延し、企業間の取引ネットワークが萎縮した。一九九〇年代のスウェーデンや二〇〇八年のアメリカなど、バブル崩壊による不良債権問題は世界各地で起きており、珍しいことではないが、通常は三年程度で問題処理が終わるのに対して、日本の不良債権処理は約一五年もの時間を要した。

この一五年の間に社会にでた世代は、不良債権の後始末にかかわる後ろ向きの仕事に疲弊し、知識や技能などの人的資本を向上させる機会が相対的に少なかった。これが不良債権処理の後遺症として、二〇〇〇年代以降も日本の生産性が低水準で推移していることの一因だと思われる。ちなみに、日本の労働生産性の「成長率」は他の先進国に見劣りしない率だが、労働生産性の「水準」はアメリカの七割程度にとどまっており、低迷している。

さらに、不良債権問題によって一〇年近くも不穏な状況が続く中で、一九九七年から一九九八年にかけての銀行危機で日本経済の常識が一変した。貸し剝がしに脅かされて、日本企業は生存の危機に直面し、それまでの「企業は雇用を第一に守るもの」という社会の暗黙の了解は崩壊した。一九九〇年代末以降の日本企業はそれまで手をつけなかった雇用の圧縮をなりふり構わず押し進めるようになった。その結果が非正規雇用の増加である。非正規の増大は、本章で論じるように、人的資本を構造的に劣化させた。企業による社員教育のための投資も、一九九〇年代末から二〇〇〇年代にかけて減り続けている。これも、働く日本人の人的資本の劣化をもたらした。こうして、不良債権処理が終わった二〇〇五年以降になっても人的資本の劣化は続き、日本経済は低成長トレンドから抜け出すことはできなかった。

恒常化した財政金融政策の副作用

さらに、二〇一〇年代のアベノミクス時代になると、異次元の金融緩和によってそれまでも一〇年以上続いていた「ゼロ金利環境」がますます常態化した。財政については、消費税の二度の増税は与野党の合意に沿って実施されたものの、国債の金利負担が軽くなるにつれ、財政の健全化を進めようというモメンタムは失われた。

国債の新規発行が続いているにもかかわらず、政府債務の残高（対GDP比率）はアベノミクス時代にほとんど増えていない。これは金利がゼロにほぼ固定され、国債の金利負担が徐々に減ってきたからだった。経済が正常化して金利がプラスの状況になれば、政府債務は雪だるま式に膨張し、「出口なし」の状態になることは明らかだ。こうした将来不安は広く国民に共有されている。「自分たちは老後に、医療や介護はじゅうぶんに受けられるのだろうか」という若い世代の将来不安は、先々の財政全体の持続性が、ハッキリ見えないことから生まれているのである。

財政の出口が曖昧な中、非常に低い確率だとしても、極端な財政破綻が起きるかもしれないという一種のテールリスクへの不安は人々の間に存在している。この「財政への将来不安」が現在の経済活動を歪めて、現在の長期停滞を長引かせている可能性がある（第3節を参照）。

また、金融政策については、ゼロ金利への金利引き下げは、短期的に実施されれば需要を刺激して景気を浮揚する効果がある。これは教科書的なケインズ経済学から明らかだが、しかし一〇年も二〇年も長期的にゼロ金利が続くとどうなるか、コンセンサスはない。長期的なゼロ金利環境には経済を長期的に停滞させる副作用があるという研究も現れている（第4節を参照）。また、経済界では、ゼロ金利環境では低収益の事業でも採算性があるとみなされるので、現状維持の消極的な経営が蔓延するという指摘がある。つまり、日銀がゼロ金利環境を続けている結果として、日本経済全体がアニマルスピリットを失い、イノベーションが遅れて衰退しつつある。そのような可能性が指摘されているのである。

以上をまとめると、人口動態の問題は経済政策ではどうしようもない背景の動向であるが、それ以外は政策の失敗に関連している。一九九〇年代に不良債権処理が長引いたために、日本人の人的資本が劣化した。さらに、非正規雇用の活用など、企業の人件費削減の動きが構造化したために、二〇〇〇年代になっても人的資本の劣化が続いた。これが長期停滞を悪化させ、格差拡大として社会問題化した。さらに、二〇一〇年代になると異次元緩和で金利負担が減ったことが財政の規律を緩めたため、財政や社会保障をめぐる将来不安が広がって長期停滞の傾向を強めることになった。そして金融緩和によるゼロ金利環境は、企業のアニマルスピリットを衰退させてイノベーションを阻害し、経済成長を遅らせることになった。これが停滞の三〇年の概観である。

以下では、長期停滞を引き起こす要因として、「格差拡大」「財政の将来不安」「金融緩和の副作用」という三つをそれぞれ論じる。

2　格差の拡大が長期停滞を引き起こす

人的資本と労働所得リスク

二〇〇〇年代以降の日本においては、格差拡大と長期停滞が併存した。一般的な認識としては、どちらかというと経済停滞の結果として、格差が拡大したと思われているだろう。それは正しいが、さらに格差拡大が経済停滞を増幅し、長引かせるという因果関係も存在する。経済学の理論研究では、格差の拡大を「労働所得リスクの拡大」と解釈し、この労働所得リスクの拡大が経済成長率を低下させる可能性が指摘されている。また、実証的にも、格差拡大は経済成長率を低下させることが指摘されるようになっている。

近年、個々人の所得が異なっていたり、時間的に変動したりする場合に、マクロ経済全体がどうなるかを分析する研究が増えつつある（たとえばAiyagari 1994, Krusell and Smith 1998）。こうした研究動向の中で、ブラウン大学のトム・クレッブスは経済成長の源泉が人的資本である現代経済において、労働所得の変動リスクが大きくなったら何が起きるかを分析した（Krebs 2003）。

経済学では、資本と労働から生産物（財やサービス）が作られると考えるが、現代の経済では資本として、物的資本と人的資本の二種類があると考えるようになっている。工場や機械設備のような「物的」な資本だけではなく、労働者の技能や知識や企業の独自の意思決定システムなどを広い意味で「人的」な資本、と考える。

人的資本とは、一般にはその人の持つ技能や知識の量だが、受けた教育で代表されるので「学歴」で測られることも多い。教育や訓練が人的資本への投資である。人的資本に投資するには、投資のリターンが期待できなければならないが、人的資本の場合の投資リターンとは、その人が良い職場に就職して良い賃金所得を得ることである。つまり、人的資本への投資のリターンとは後で得られる労働所得である。

二〇〇〇年代、日本の労働所得に関するリスクは大きくなった。大学や大学院で教育を受けて、知識や技能を身につけても、なんらかの巡りあわせで非正規雇用の状態になったら、なかなか正規雇用に移ることは難しく、賃金も低い。人的資本への投資（つまり教育）のリターンである賃金所得は正規雇用か非正規かによって大きく異なる。このような雇用リスクは、一九九〇年代までのように非正規が労働者の二割ほどでその多くが主婦のパートであったような時代にはあまり深刻なものではなかった。しかし二〇〇〇年代になると、心ならずも正社員になれずに派遣など非正規で職を得る若者が急増した。二〇二〇年ごろには非正規雇用は労働者の四割に達し、世帯の主な働き手が非正規というケースが増加した。

この雇用環境を、教育訓練を受ける者から見れば、教育訓練という投資のリターン（つまり将来の賃金）がどの程度もらえるか、きわめてリスキーになってきたということである。高等教育を受けるという投資をしても、将来の雇用が正規になるか非正規になるか分からず、どちらになるかで大きく生涯所得も変わってくるというリスクがあると、人はわざわざ辛い勉強をしてまで知識や技能を身につけようとはしなくなる。

つまり、労働所得リスクが高い環境で、多くの人は教育訓練などの人的資本への投資を減らし、結果として、日本人全体で、知識や技能など人的資本のレベルが下がったと考えられる。

もっとも、雇用リスクが高まれば、人は金銭的貯蓄を増やし、将来のリスクに備えようとするので、貯蓄の投資先である物的資本は増える。人的資本は減り、物的資本は増えるが、経済成長の中心的な原動力が人的資本になっている現代経済では、人的資本が減る効果のほうが大きく、雇用リスクの高まりは経済成長を低下させるのである（こうしたことを理論的に論じたのがトム・クレッブスである）。

図５－１は、クレッブスの論文「人的資本のリスクと経済成長」から引用したもので、労働所得リスクが高まると経済成長率が低下する、というシミュレーション結果を示している（Krebs 2003）。横軸は労働所得のリスクが右に行くほど大きくなることを表している。縦軸は成長率（％）で、黒い実線が所得リスクと成長率の関係を示すグラフである。右に行く（＝所得リスクが増大する）ほど、成長率が下がっていることが分かる。

図５－１　労働所得リスクと経済成長率

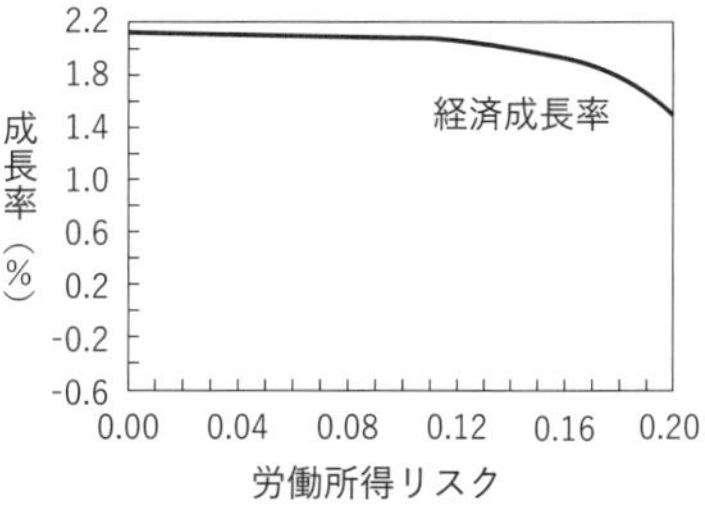

出所：Krebs（2003）

データが示す格差拡大と成長低迷の関係

ここまでは、格差拡大が経済成長を低下させる理論的な可能性を論じた。世界各国のデータを使った実証研究でも、格差拡大が経済成長の低迷を引き起こすことが示されている。二〇一四年にＩＭＦとＯＥＣＤで、それぞれ独立に発表した研究である。

まず、ＩＭＦの研究（Ostry et al. 2014）では、一五三カ国の長期データを使って分析を行い、所得の不平等度をあらわすジニ係数が〇・〇五パーセント上昇すると、一人当たりGDPの成長率が〇・五パーセント低下することを示した。また、興味深いことに、不平等を緩和するための所得再分配政策を行っても「経済成長に悪影響をもたらすことは確認できなかった」と述べているのである。これは、それまでの「成長と格差にはトレードオフの関係がある」という経済学者の暗黙の常識を覆す研究結果だといえる。

それまでの常識からすれば、所得再分配で格差を是正する政策は、人々の勤労意欲を低下させるなどして、当然、経済成長率を低下させる、と予想された。ところが、IMFの研究はそうならないことを示したわけである。

このことは、前述のクレッブスの理論とも整合的である。クレッブスの理論によれば、格差是正の政策によって労働所得リスクが下がれば人的資本が増えて経済成長率が上昇すると予想される。IMFの研究結果では、格差是正で経済成長率が高まるとまでは言っていないが、少なくとも、格差是正は経済成長率を低下させない、ということは示された。もっとも、IMFの研究は、ドイツ（旧西ドイツ）のように所得再分配政策がすでに高いレベルで実施されている国では、さらに追加的な所得再分配政策を実施すると、経済成長率にネガティブな影響を与えると指摘している。なにごともやりすぎれば副作用が出る、ということであろう。

同じ二〇一四年に発表されたOECDの研究（OECD 2014）でも、OECD加盟国のデータによる分析で、格差の拡大が経済成長率の低下をもたらすことが報告されている。ジニ係数が〇・〇三上昇すると経済成長率が〇・三五パーセント低下すると推計し、格差が拡大することは、教育機会の減少、社会的流動性の減少、人的資本の蓄積阻害などを通じて、経済成長を阻害すると結論づけている。もっとも、格差是正のための再分配政策については、経済成長を押し下げるものではないが非効率の温床となるかもしれないとの懸念を示しており、ＯＥＣＤの研究は、格差是正にもろ手を挙げて賛成するというスタンスではない。

これらの理論や実証の研究からいえることは、労働市場の適切な制度設計や効率的な所得再分配をすることによって、経済成長率を高められる可能性がある、ということである。特に、クレッブスの理論からは、労働所得リスク（雇用についての不確実性）を減らすことは、長期的な経済成長率を高めると見込まれる。

そのために有効なセーフティネットの制度として考えられるのは、たとえば「給付付き税額控除」の仕組みである。給付付き税額控除とは、課税と給付を一体的に行う制度で、低所得の人は給付を受け取るが、所得が増えると給付から課税に滑らかに切り替わる制度である。所得が増えると手取りもスムーズに増えていくように給付と課税が調整される。まず、所得ゼロの人には、給付金が支給されて最低所得が保障される。所得がプラスになると、手取りが減らない範囲で徐々に給付金が減額され、一定の所得水準に達すると、給付金がゼロになり、それ以上の所得になれば課税されるようになる。この給付と課税の切り替えを、手取り額がスムーズに変化するように調整するのである。

給付付き税額控除は、生活保護などの社会福祉制度と納税制度を統合したもので、厚生労働省と財務省の縦割りの壁を超えた「画期的」な仕組みであるため、実現性は見通せない。財源は既存の社会保障制度との統合によってかなりの程度は捻出できると思われるが、所得税の累進性を上げるなども必要になる。アメリカなどには子育て世帯向けに同様の仕組みが存在しており、我が国でも多様な生き方や働き方に対応したユニバーサルなセーフティネットとして、こうした制度の整備が求められている。

3　財政の将来不安による長期停滞

「成長なくして財政再建なし」で良いか？

一九九〇年代末からの過去四半世紀にわたって、財政が持続可能でないという懸念は繰り返し表明されていた。このままの歳入と歳出の構造が続けば、政府債務の対GDP比率はいずれ無限大に発散するのであり、将来のどこかの時点で、大きなインフレという市場の暴力による債務削減（インフレによって政府債務の価値が減価すること）が起きるはずだ、と心配された。

しかし、そのようなインフレはこれまで起きず、ゼロ金利が続く中で、財政再建への意欲も萎縮していった。特に、政治の世界で説得力を持ったのは「経済成長なくして財政再建なし」

のスローガンであった。すなわち、安定した長期的な経済成長が実現して初めて、税収も増え、政府債務を返済できて、財政再建が実現できる、という考えが過去三〇年間の日本の経済政策の背骨となる基本哲学だった。この基本哲学の下で、成長のためにあえて財政悪化をもたらす拡張的な財政政策が選択されてきた。

　本節で論じるのは、この基本哲学が実は成り立たないのではないか、という問題提起である。財政破綻（大きなインフレによる債務調整）が起きるかもしれないことは、非常に小さい確率とはいえ、多くの国民が懸念している。もしこの財政への将来不安が現在の長期停滞の原因だったら、「まず成長を実現するために、財政が多少は悪化しても構わない」というロジックが成り立たなくなる。積極財政を打てば、需要を刺激する効果はあるかもしれないが、同時に政府債務残高が増えて、財政への将来不安を増幅して、経済成長を悪化させるからである。

　逆に、財政健全化への見通しが立てば、将来不安が軽減されて成長率も高くなる。そうであれば「成長なくして財政再建なし」ではなく「経済成長と財政再建を同時に目指す」というのが正しい政策哲学だといえる。

財政の将来不安が経済成長率を引き下げる

　政府債務が増えると財政政策の効果が逆になる（財政の緊縮が景気を拡大させる）という「非ケインズ効果」はかねて知られていた。一九八〇年代に緊縮財政を行ったデンマークやアイルランドなどでは、歳出削減や増税を行った結果、むしろ民間需要の増加が観測された。ケインズ経済学では、歳出削減や増税は民間需要を減らすはずであるのに対し、こうした観察結果はその逆なので「非ケインズ効果」と呼ばれたのである。非ケインズ効果のメカニズムは、「財政支出を増やして政府債務が増えると、将来の税率が上がり、税による経済の歪みが激しくなる。それを予想して、将来に備えて現在の消費をより厳しく抑制し、税支払いのための貯蓄を増やす」というものである。このように、債務が大きい国では財政支出を増やすと需要が減るのである。

早稲田大学の上田晃三《こうぞう》と筆者は、経済成長というよりも一時的な景気への影響を説明する理論だった非ケインズ効果を、長期の経済成長に対して応用した研究を行った（Kobayashi and Ueda 2022）。筆者らの理論では、平時には財政収支がバランスせず、政府債務が増え続けると仮定した。非常に小さな確率で「財政危機」が起きるが、財政危機が起きると一時的に大きな資産課税が起きて国債が償還され、政府債務が減ると仮定した。危機は小さな確率で外生的に発生するが、危機発生の確率は、政府債務残高に連動して増えるものと考えた。

このモデルでは、「財政危機が起きると民間の資産、すなわち資本ストックに巨額の税がかかる」と家計や企業が予想しているので、課税を避けようとして、平時においても家計や企業は資産（すなわち資本ストック）の蓄積を減らしてしまう。生産要素である資本が減るため、平時からＧＤＰが減少するのである。

　さらに、危機が起きないまま政府債務が積み上がっていくとどうなるかを考えよう。政府債務の残高が増えると、危機が起きたときの増税幅がその分、大きくなると予想される。すると家計や企業は、危機時に資本課税の負担が大きくなることを予想し、平時からますます資本ストックの蓄積を減らすことになる。つまり、政府債務が増えると、GDPの減り方が大きくなる（＝GDPの成長率が低下する）という結果になるのである。こうして、筆者らの理論研究では、政府債務の残高が増えるにつれて経済成長率が低下するのである。

　また、戦後の混乱期にも日本の大蔵省は国債の債務不履行を起こさず、期限通り償還を続けた。この経験から、「危機が起きても国債はデフォルトせずに、なんらかの課税によって償還されるだろう」という予想が国民に共有されていると仮定する。この仮定のもとでは、いざとなったら民間資本ストックに課税され、国債は課税されずに償還されるので、国債は課税リスクがない分だけ民間資本ストックよりも安全な資産だと認識されるようになる。すると、平時の国債の金利は低下する。これは近年の金利の状況と符合する。

　筆者らのモデルのシミュレーション結果は、図5－2のグラフに示されている。上のパネルは、政府債務bの総生産yに対する比率（b／y）がどう推移するかを示している。グレーの実線はシミュレーションの条件として筆者らが仮定した債務比率の変化をあらわしている。つまり、二〇三〇年までの平時には債務比率が上昇し続け、二〇三〇年に財政危機が発生して一時的に大きな資産課税が起きて債務比率が急減し、その後はふたたび平時になって上昇が始ま

図5－2　財政リスクによって経済成長率が低下するシミュレーション結果

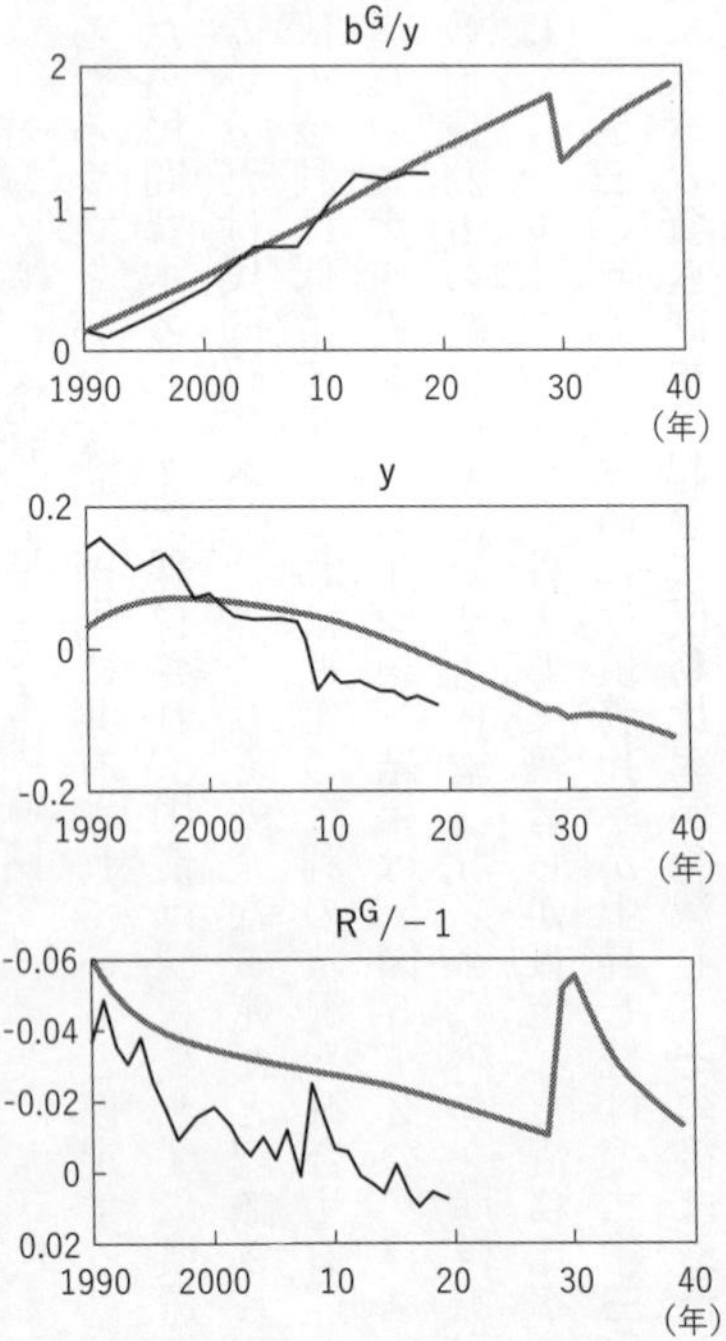

出所：Kobayashi and Ueda（2022）, Fig. 7

る、と仮定した。黒の細線は現実の政府債務比率のデータである（債務は純債務）。図5－2の中央のパネルのグレーの実線は、シミュレーションの結果として、財政リスクの認識によって総生産yが減少する効果を表示している。黒の細線は現実の総生産（GDP）の変化である。GDPは減少しているように表示されているが、これは年率二パーセントの経済成長経路から、現実のGDPがどれだけ下方に乖離《かいり》していたかを示している（もし、年率二パーセントでGDPが成長していたら、このパネルでは水平線として表示される）。右肩下がりのyの線は、経済成長率が一パーセント程度で低迷していたことを意味している。

データ（黒の細線）とモデル（グレーの実線）を比べると、二〇〇〇年代の二〇年間について、データが示すGDP成長率低下の約半分をモデルが説明しているということが分かる。このシミュレーションが示唆していることは、「日本の過去二〇年の低成長の原因の約半分は、財政についての将来不安だった可能性がある」ということである。

図5－2の下のパネルは、国債の金利R^Gの推移を示している。黒の細線は現実の国債金利のデータである。データが示す国債金利の低下を、モデル（グレーの実線）がなぞっていることが分かる。

パブリック・デット・オーバーハング

ここまでは、理論モデルによって、財政リスクが平時の経済成長率を引き下げる可能性について論じてきた。理論だけではなく、実証研究によっても、政府債務が大きくなりすぎると経済成長率が低下することが示されている。ハーバード大学ケネディ行政大学院のカーメン・ラインハートとケネス・ロゴフらのグループによる研究である（Reinhart et al. 2012）。彼らは、主要先進国など二六の財政エピソードを分析し、「公的債務がGDPの九〇パーセントを超えると経済成長率が一パーセント低下する」という関係を示した。ラインハートたちは、この結果は、公的債務が経済成長率の低下をもたらしたという因果関係を示していると主張する。公的債務がGDPの九〇パーセントを超えるまでは経済成長率の低下は起きない一方で、九〇パーセントを超えると経済成長率が大きく低下するという、非線形な変化が起きているからである。もしも、経済成長率が低下することが原因となって、公的債務比率の上昇が起きているとしたら、九〇パーセントのラインで経済成長率の低下が急に起きるという相関関係にはならないはずである。したがって、ラインハートたちの結果は、債務の増大が経済成長の低下をもたらしたという関係を強く示唆している。

ラインハートたちは、公的債務が過大となって経済成長を引き下げる効果をパブリック・デット・オーバーハング（公的過剰債務問題）と呼んだ。

ちなみに、ラインハートたちのパブリック・デット・オーバーハングの研究については、データの処理の仕方に間違いが指摘され、大きな論争となった。当初は、ラインハートたちの主張は「公的債務がGDPの九〇パーセントを超えると、経済成長率がマイナスに陥る」という強いものだったが、その信ぴょう性が疑われた。二〇一二年の論文では、データ処理の方法などが訂正され、結果も成長率がマイナスになるのではなく、成長率が一パーセントほど下がる、というやや穏やかなものに修正されている。

乗数効果の減退

政府債務が増えるにしたがって、財政政策が景気を刺激する効果が弱まってくることも知られている。内閣府モデルでの計算によると、公共事業など財政支出の景気刺激効果をあらわす乗数は、一九八〇年代から九〇年代にかけては、約一・二から一・三程度であったが、二〇〇〇年代以降は約一・〇から一・一四程度に低下した（大守2021）。乗数が一・二であるとは、財政支出を一増やしたときに、民間の需要が〇・二増えることを表す。乗数が一のときは財政支出を一増やしても、まったく民間需要は増えない。二〇世紀末から二一世紀にかけて乗数が一に近くなっていることは、財政政策が民間需要を刺激する効果が衰えたことを示す。

その原因としては、誘発された需要が海外からの輸入品の購入に向かったために国内の需要が刺激されなかった可能性があるとともに、財政悪化を見て国民の間で増税不安が増えて消費が減るという、リカードの中立性が挙げられている。

本節では、財政の悪化は経済成長率に長期的な負の影響をもたらす可能性があるということを理論研究と実証研究を示しつつ論じた。日本の過去三〇年の長期停滞を引き起こした原因のひとつとして、この間の財政悪化は無視できない候補なのである。

4 低金利の長期化が生む副作用

デフレ論争の落とし穴

当然のことながら、過去三〇年の金融緩和政策は、需要を刺激して総生産と雇用を増やすために行われてきた。ところが金融緩和による低金利環境が「長期化」すると、むしろ経済の停滞をもたらすのではないかという議論が、最近、提起されるようになってきた。本節では低金利の長期化が経済停滞の長期化を助長する効果を持つのかを考える。

二〇一三年から異次元の金融緩和を続けてきた黒田東彦総裁の任期終了前後の二〇二三年春頃から、低金利政策の長期化が副作用をもたらす可能性について論じられるようになった。それまでは「低金利の長期化が経済を悪化させるかもしれない」という問題設定は、ほとんど経済政策や経済学をめぐる議論の中でなされなかった。筆者の解釈では、これは論点がデフレ（物価の下落）にあまりにも集中したために、「非伝統的金融政策の長期化が産出量（GDP）や雇用という非価格的な指標になにか副作用をもたらすのではないか」という問題設定そのものがほとんど誰の頭にも浮かばなかった、ということだと思われる。

そもそも、ゼロ金利のもとでの非伝統的金融政策は、経済学の研究テーマとしても新しいものであり、二〇〇〇年代以降に初めて議論され始めた。その中で、「ゼロ金利が一〇年単位で長期化すると生産に悪影響があるか」という問題は、誰も考えていなかったのである。

一方で、ゼロ金利や非伝統的な金融政策を長期化させることが、デフレ（物価下落）からの脱却に有効かどうか、という点に政策論争は集中していた。論争の前提として、「長期的なゼロ金利でデフレから脱却できれば、当然、GDP成長率が高まるだろう」とする暗黙の了解があった。ただ、この暗黙の了解は、経済学的に検証されたものではなく、学界も含めて、世の中全体のいわば先入観だった。

近年になってようやく、この先入観が正しいのかどうかを問う研究が出始めたが、驚くべきことに、その結果は「長期的な低金利政策は、経済に悪い副作用を持つかもしれない」というものだった。

恒久的な低金利は低成長をもたらす

二〇二一年に、プリンストン大学の清滝信宏とエジンバラ大学のジョン・ムーア、ロンドン・スクール・オブ・エコノミクスのシェンシン・チャン（張聖醒）が、恒久的な低金利政策が経済成長に与える影響を分析する理論論文を発表した（Kiyotaki et al. 2021）。

清滝・ムーア・チャンのモデルでは、小国経済のモデルで金利が恒久的に下がると投資や生産の成長率にどのような影響が出るかを分析した。まず、金利の低下が「一時的」だった場合には、投資が大きく増え、生産も拡大することが分かった。一時的な低金利は景気刺激の効果がある、というマクロ経済学の教科書通りである。

問題は、金利の低下が「恒久的」だった場合だが、その場合は新興企業家の借入能力が悪化して、経済成長が長期的に低下することが分かったのである。論文では、急に金利が低下し、低下した状態が永続したら経済がどのように反応するかをコンピュータシミュレーションで計算している。その実験結果を示した図が、図5－3である（Kiyotaki et al. 2021 の Figure 7 から引用）。

図5－3の一番上のパネルは設備投資、上から三つ目は国内総生産（GDP）である（上か

図5－3　恒久的金利低下に対する経済の反応

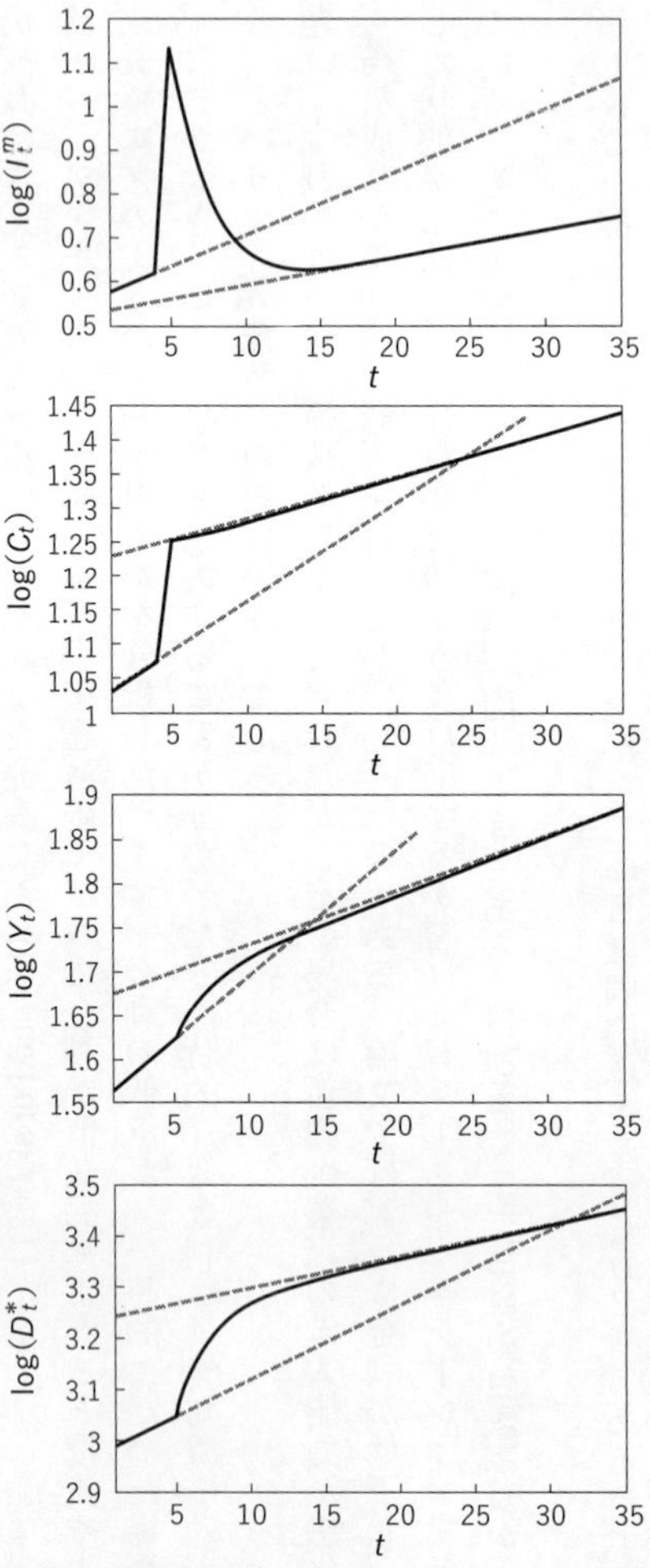

出所：Kiyotaki et al.（2021）, Figure 7

ら二つ目は消費、一番下は海外からの借入れを示している）。横軸は時間をあらわしていて、この実験では「五年目に金利が二・五パーセントから一・五パーセントに低下し、そのまま一・五パーセントの状態が永続する」というもの。金利に対して経済がどのように反応するかを示している。

一番上の設備投資の反応が劇的で分かりやすいので、それを説明する。まず、五年目に金利が下がった瞬間は、設備投資は大きく二倍近くに急増する。これは、マクロ経済学の教科書通

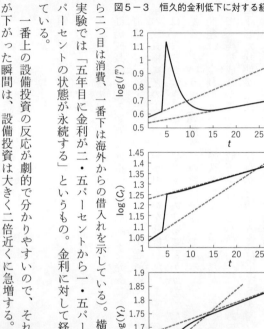

りで、金融緩和が景気を刺激する通常の効果だといえる。しかし、その後、低金利状態が続くと、時間とともに設備投資は減衰し、緩やかな成長経路に収束する。

図5－3が示す通り、金利低下前（五年目以前）に経済が乗っていた成長経路と、金利低下後（五年目以降）に経済が収束する成長経路を比べると、明らかに金利低下後の成長経路のほうが低い成長率であると分かる。このように、金利を恒久的に低下させると、当初は景気刺激効果で経済活動が大きく跳ね上がるが、その後の成長率は長期的に低下してしまうのである。

なぜ、低金利が低成長をもたらすのだろうか。直感的に説明をすると、担保を持たず、新しい技術やアイデアだけを持っている新興企業家は、次のような理由で、金利が下がると資金繰りが苦しくなるのである。

銀行から資金を借りて、ビジネスを始めようとしている起業家を考えよう。起業家は借入れによって土地を買い、工場を建てて、新しい技術やアイデアを使った商品を作り、販売しようと計画している。新規起業家は、将来の収益は大きいと自分では思っていても、銀行はなかなか信用してくれない。銀行は担保を要求してくるが起業家は担保を持たないとすると、借入れ額はかなり制限される。このとき金利が下がっても担保がなければ借入れの厳しさは、変わらない。

一方、工場を建てるための経費は、金利が下がれば上昇する。たとえば工場用地の代金は金利が下がれば地価が上がるので上昇する。すると、金利が下がると、新規起業家にとって借入れの厳しさは変わらないが、工場用地代など借り入れるべき金額は上昇する。結果として、金利が下がると事業を始めるにあたっての困難さは増し、多くの新規起業家が事業開始を諦めることになる。これが長期間続くと、新しい技術やアイデアが経済に実装されなくなり、経済全体の生産性が落ちて、経済成長率が長期的に低下するのである。

低金利が市場の競争圧力を弱めて低成長を招く可能性も

清滝・ムーア・チャン論文だけでなく、二〇一〇年代の長期停滞を経験した欧米の経済学者の中には、他にも、低金利の長期化が低成長をもたらす可能性を疑う者が増えていた。プリンストン大学のアーネスト・リューとアティフ・ミアン、シカゴ大学のアミール・スフィの三人もそうした可能性を追求した（Liu et al. 2022）。かれらは近年、市場の集中度（独占の度合い）が高まってきたことに着目し、それが低金利の長期化によって起きたのではないかと論じた。低金利が次のようなメカニズムで市場集中度を高め、その結果、独占的企業と競合する企業の技術開発投資が減り、経済全体の生産性が低迷して、低成長がもたらされたと考えたのである。

そのメカニズムとは、金利低下への反応が企業によって異なるということである。技術的に一歩抜きんでた一番手の先導的企業（独占的企業）と、二番手や三番手の追随的企業の二種類の企業が各産業に存在しているとしよう。このときに、金利が低下すると、技術的優位性が覆ったときの損害が大きい一番手の企業は、技術開発投資を大きく増やすが、それを見た二番手・三番手の企業は激しい競争になることを恐れて投資を控えるようになる。この結果、一番手の企業は独占度を高め、二番手以下の企業はシェアを減らしてしまう。その結果、経済全体では市場の集中度が高まって独占の弊害により全体的な生産性の成長率も低下する。そのため経済成長率も低下するのである。

このように、低金利の長期化がさまざまなメカニズムで経済成長を低下させ得るという可能性が、二〇二〇年代に入って経済学の研究で指摘されるようになってきたのである。

低金利の長期化はデフレ期待を生む？

ここまで、低金利が長期化すると経済成長率が低下する可能性（清滝・ムーア・チャン論文、リウ・ミアン・スフィ論文）を論じてきた。これは、「究極的には経済成長率を高めるために、低金利政策を続ける」という、これまでの経済政策の政策思想が誤っていた可能性を示唆している。

低金利が経済成長を低下させる可能性があるということの他にも、低金利の長期化がデフレ期待を生む可能性もある。第2章第4節でも論じたことだが、もう一度ここで再論する。

フィッシャー関係式、すなわち「名目金利ｉ」＝「実質金利ｒ」＋「期待インフレ率π」という恒等式が常に成り立っている。ここで、長期的には実質金利は市場の均衡で決まるから、実質金利ｒは市場の均衡でプラス一パーセント程度の値になったとしよう。このとき名目金利

iがゼロに固定されていたらどうなるかと考えると、フィッシャー関係式は「$0=1+\pi$」となるので、期待インフレ率πはマイナス一パーセントのデフレになるのである。

フィッシャー関係式「$i=r+\pi$」で考えると、実質金利rが長期的には一定なら、名目金利iが大きくなるほど期待インフレ率πが大きくなると言える。長期的には、インフレ経済では名目金利が高くなるはずなのである。もちろん、短期的な低金利は、景気を刺激して、投資や消費を増やすので、インフレを高める効果がある。しかし長期的な関係としては、名目金利が低いときにはインフレ率も低い状態になると言える。

以上のことから、低金利の長期化は経済成長率を低下させるかもしれないし、デフレ期待を強めてしまうかもしれない、ということが分かった。こうした見方が正しければ、低金利を長期的に続けても、インフレ率が高まって経済成長率が高まるという状況はいつまで待ってもやってこないかもしれない。名目金利の漸進的な引き上げと経済成長率の引き上げを、バランスよく同時に目指すべきなのではないだろうか。

5　脱却への構想

本章のこれまでの議論をまとめよう。日本の低成長の要因としては、まずベースとしての少子高齢化の進展があり、九〇年代からの一五年については、不良債権処理の遅延の影響が非常に大きかった。それら以外の要因としては、「格差拡大（＝所得リスクの増大）による人的資本の劣化」「財政・社会保障の持続性への将来不安」「低金利環境の長期化」があった。長期停滞から脱却するためには、これらの要因を解消していく政策対応が求められる。

負のスパイラル――低金利と財政悪化

財政の将来不安と低金利の長期化がそれぞれ低成長をもたらすかもしれないと論じたが、低金利の長期化と財政悪化との間にも負のスパイラルが存在する。負のスパイラルとは、次のような政治的な効果によって低金利が財政悪化を助長することである。

アベノミクス以来、特に二〇一六年九月のYCC開始以来、長期金利はゼロ近傍に貼り付いていた。毎年、新しく国債を発行しているのに利払い負担が減り、コロナ禍の時期を除けば、結果として国債の残高が増えない状況が続いている。短期金利も長期金利も日本銀行によってゼロ近くに抑えられているため、国債発行を増やしても金利上昇という「国民生活の痛み」を感じることがなく、政治家も政府の政策当局者も、また世論も、国債発行になんらコストを感じないという状況が長年続いてきたのである。

国債を発行しても国民生活になんら影響がでない、という状況しか知らない若い世代の政治家にとっては「いくら国債発行をしてもなんのコストもない」という感覚が経験から刷り込まれている。若い世代の政治家と議論すると、「国債発行が増えてなにが問題なのか？　なんの問題もないではないか」というような意見を聞くことが多いが、これまで何の問題も起きなかったという現実の経験からすれば、当然の意見とも言える。

低金利と財政悪化の負のスパイラルは、金融緩和政策（低金利）の長期化から始まる。その結果、「いくら国債発行を増やしても大丈夫だ」という感覚が政治家や政府関係者に広がって、財政運営がバラマキ的な積極財政になる。すると、財政の将来不安が増え、また、企業の現状維持が助長され、経済成長が低下する。成長戦略として必要な規制改革などは、政治的な「痛み」をともなうため、積極財政という逃げ道があるうちは敬遠され、なかなか改革が進まない。改革が進まないので、長期的な経済成長率も上がらない。こうして経済の低成長とそれにともなって低インフレが続くので、日本銀行は金融緩和政策を止められない。これが金融と財政の負のスパイラルである。つまり、低金利環境が政治的に財政規律を弛緩させ、財政が悪化し、成長戦略が進まず、その結果、経済成長率も低いままになるので低金利政策を止められない、というスパイラルである。

なお、低金利によって政治家が「国債発行をいくら増やしても問題ない」と考えるようになったと言うと、日本銀行に財政悪化の責任があると言っているように聞こえるかもしれないが、そうではない。日本銀行はデフレ脱却のために金融緩和政策をしていたが、財政規律を弛緩させるという想定外の「外部効果」が発生したと考えるべきである。

日銀と政府のそれぞれの意思決定が互いに悪影響を及ぼすという「外部効果」がこれまであまり意識されなかったのは仕方ないが、近年、多方面で指摘されるようになってきた。今後は、これまで意識されなかった「低金利環境が財政規律を弛緩させる」という効果も明確に認識したうえで、政府と日銀が互いの領域に踏み込んだ議論をして、財政・金融政策のグランドデザインを描いていくことが求められる。

言い換えれば、外部効果を「内部化」したうえで、政府と日銀が政策の意思決定をすることが必要である。日銀の独立性はもちろん守られるべきだが、外部効果を内部化するプロセスでは、政府と日銀の間で、きわめて密な意思疎通が必要になるだろう。

求められる政策対応

政府と日本銀行の間の負のスパイラル（低金利と財政悪化が強め合う悪循環）を意識したうえで、前節までで挙げた長期停滞の要因に対処する必要がある。まず「格差拡大」に対しては、格差是正のためのセーフティネットを拡充する方向で社会保障制度を整える必要がある。多様な働き方やライフスタイルに対応して、だれもがセーフティネットから漏れず、過不足のない支援を受けられる社会保障制度である。

方向性としては、前述の通り、「所得が低いときは給付金が自動的に受け取れて、所得が上がると給付金が徐々に減って課税に切り替わる」という、「給付付き税額控除」の導入が一案である。これまでの実務（給付金は自治体が担当し、課税は税務署が行う）をどう変えるのかという大問題はあるが、税の還付と同じ方法で給付金を給付するようにすれば、税務署の課税業務の一環として給付も実現できると思われる。自治体は給付以外にも多種多様な住民サービスのニーズがあるので、給付付き税額控除は給付も一括して税務署が担当するという制度設計に無理はないだろう。こうした「格差是正」の政策によって、人的資本への投資は向上し、それがひいては経済全体の生産性と経済成長率の上昇につながると考えられる。

次に、「低金利環境の長期化」については、金融政策の正常化を漸進的に段階的に進めていくしかない。市場の反応を見極めつつ、慎重に金利をプラスの領域に戻していくことになるが、世界的なインフレ率の上昇の流れの中で、遠くない将来、日本も二パーセントインフレの目標を達成したというかたちで金融政策を正常化できると思われる。一定程度のプラス金利が定着すれば、長期的に安定した成長経路に復帰できるかもしれない。

なお、金融政策の正常化を進めれば、日本銀行のバランスシートに大量に溜まった国債の価値が下がり、また準備預金の利子として日銀が民間銀行に支払う金額が膨れ上がるので、日銀が債務超過に陥る危険がある。しかし、中央銀行が債務超過に陥ってもそれはあくまでテクニカルな問題なので、テクニカルな対処を大きく間違えなければ、中央銀行業務は問題なく続けることができると思われる（二〇二三年春の時点で、アメリカの中央銀行である連邦準備理事会F

ＲＢは金利急騰の影響で債務超過になっている）。

長期的な持続性へのコミットメント

次に、財政運営については、財政・社会保障の長期的な持続性を確保して、将来不安を払拭することが目標である。しかし、次章で詳しく論じるように、いますぐに財政の持続性を回復しようとすると、政治的に受け容れられない規模の増税や歳出削減が必要になる。そこで、当面は財政健全化の実行（歳出の削減や増税）ではなく、財政の持続性回復への「政府の長期的なコミットメント」を強化することに傾注することが現実的であろう。なんらかの制度的な対応を取ることで、政府が財政の持続性に強くコミットしているというシグナルを国民に送るのである。政府のコミットメントの信頼性を高めることで、国民の将来不安を軽減することが当面の目標である。現実に財政健全化（歳出削減や増税）を行えば、国民生活に大きな「痛み」が出ることになるので、実行は困難だ（その点は次章で論じたい）。

財政の持続性に対する「政府の長期的なコミットメント」の具体策として、次の二つの案が挙げられる。

①独立財政機関の設置

近年、欧米豪などの先進諸国で独立財政機関（Independent Fiscal Institution：ＩＦＩ）の設置が進んでいる。独立財政機関とは、三〇年先〜五〇年先など超長期の将来までの経済・財政の展望についての長期推計を行って、その推計結果を財政運営の基礎情報として国民や政府に公開する機関である。推計の信頼性を確保するために、政治的な中立性と独立性を保証されている。独立財政機関は、議会事務局の調査機関として設置されたり、独立性の高い地位が法的に定められた行政機関（たとえば会計検査院）とされたりすることが多い。

現在の日本の財政論議では、政府から公表される経済財政の将来推計としては、一〇年先までのものしかない（経済財政諮問会議に毎年二回内閣府から提出される「中長期の経済財政に関する試算」）。一〇年先までの試算では財政運営の違いが私たちの子供や孫の世代に与える長期的な影響を知ることはできない。財政運営を決定する議論の土台として、もっと長期の信頼できる推計が必要である。

本来は、財務省や内閣府などの経済官庁が超長期の推計をすればいいのだが、官庁は政権のために働くことが任務であるから、政権や与党の政治的な意向によって推計結果が歪められてしまう恐れがある。実際、これまでの内閣府の「中長期の経済財政に関する試算」は、楽観的なバイアスがかかっていたように見える。同様の問題は日本だけではなく各国共通である。

この問題に対処するため、近年、数十年先までの長期の財政推計を提供する独立財政機関を設置する国が増えている。アメリカの議会予算局（CBO）やイギリスの予算責任庁（OBR）などが代表例である。推計期間も、CBOは四五年先、OBRは五〇年先までとして長期推計を公開している。

二〇一〇年代に、独立財政機関の創設が大きく増えている。まず、世界金融危機・欧州債務危機時の二〇一〇年代前半に、EUは加盟国の財政規律強化のために加盟各国に独立財政機関の設置を求めた。OECDも、独立財政機関の設置を推進する立場であり、加盟各国に設置を促している。OECD加盟諸国の約八割で独立財政機関が設置されており、OECDの担当者によると、独立財政機関の推計期間は七五年に及ぶ場合もあるという。

独立財政機関の設置が国際的に広がる背景には、財政がいかに政治の影響を受けやすいか、そしてその帰結として起きる財政危機のコストがいかに高くつくか、を欧州諸国が欧州債務危機で身をもって経験したことが大きい。いまや、独立財政機関の必要性は、金融政策における独立した中央銀行の必要性と同じだというアナロジーで語られている。一九世紀には景気変動が激しかったが、各国が「最後の貸し手」としての中央銀行を整備したことで二〇世紀の経済変動は安定化した。同じように、二一世紀には、各国が独立財政機関を整備することによって経済の安定性がもたらされるということになるのではないだろうか。

独立財政機関が公表する中立的かつ長期的な推計の情報が財政運営に使われることで、各国の経済財政運営は持続的で安定したものになると期待されるのである。

②社会保障制度改革についての常設検討組織の設置

財政や社会保障についての将来不安は、政府債務の持続性という金額的な問題だけではなく、これからどのような社会保障制度の変更が行われるのかという内容面の問題も大きい。社会保障制度改革の方向性については、総理大臣が変わったり、政権与党が交代したりした場合に方針が大きく変わるリスクを抱えており、制度改革の方向性について国民が直面する不確実性は大きい。

そこで、超党派の政治家もメンバーに入った社会保障制度改革についての常設検討組織を設置し、そこで社会保障改革の大方針を決定するようにしてはどうだろうか。超党派の組織で決めたことは、政権が変わっても維持されるものとすれば、方針がころころ変わる懸念もなくなり、国民の将来不安を軽減する大きな要素となる。

社会保障制度の超党派の常設検討組織としては、前例が存在する。一九四八年のGHQの指令などをもとに作られた社会保障制度審議会（二〇〇一年廃止）である。これは審議会とは言っても、有識者などだけがメンバーになっている通常の審議会とは異なり、与野党の政治家がメンバーになっている超党派の会議体であった。さらに、主要省庁の官僚トップである事務次官もメンバーに入っていた。

社会保障制度審議会は、超党派の政治家と行政のトップが入った社会保障の大方針の決定機関であった。戦後の社会保障制度の整備について方向性を決めてきたが、介護保険制度が二〇〇〇年にスタートしたことで歴史的役割を終えたとして社会保障制度審議会は廃止され、その後継機関として経済財政諮問会議が設置された。

しかし、経済財政諮問会議は、関係大臣・日本銀行総裁、民間議員がメンバーであり、超党派の政治家がメンバーであるわけでもなく、各省事務次官がメンバーということもない。前述のように、経済財政の見通しも一〇年先までしか見ておらず、三〇年、五〇年という超長期的な見通しの下で政策判断をしているわけでもない。

ふたたび社会保障制度審議会のような超党派の常設検討組織を作って、今後の人口動態や技術進歩を踏まえ、税財政や社会保障制度の改革の包括的なプラン作りをすることにしてはどうだろうか。

独立財政機関と社会保障の常設検討組織は、別々の組織にすべきか、二つの機能を同じ組織で包括的に扱うことにすべきか、ということも考える必要があると思われる。どのような組織構成にするにしても、財政と社会保障の改革について検討すべき論点には次のようなものが挙げられよう。

ひとつは、少子高齢化と格差拡大に対応したシームレスな社会保障システムを構想することである。高齢者向けの社会保障サービスとしては、健康状態に応じて、生活支援、介護、医療、終末期医療が、ひと続きのものとして提供されることが望ましい。また、現役世代の雇用のセーフティネットも、多様な働き方に対応したユニバーサルなものであることが望ましい。二つ目は、社会保険か税財源かという財源の問題である。医療や年金について、社会保険でカバーする社会保障サービスと税でカバーするものとの仕切りを検討しなおす必要があるのではないか。三つ目は、国と地方の役割分担の再設計である。

いますぐに歳出削減や増税やその他の財政・社会保障制度改革を実行するのは政治的に困難だとしても、独立財政機関や社会保障改革の常設検討組織を創設することによって、為政者は国民に対して「持続性を回復する意思がある」という強いシグナルを発することができる。このシグナルによって国民の将来不安は軽減され、現在の経済活動も活性化することが見込まれる。

また、独立財政機関から公表される長期推計などの情報は、政治家や国民の意識を変えて、財政についての我々の選択を変える可能性がある。財政運営を将来世代の視点で考えることが、我々自身の判断を変えるかもしれない。次章では、その際に鍵となる「フューチャー・デザイン」を論じて、本書の締めくくりとしたい。

第6章　日本経済のゆくえ
――持続性とフューチャー・デザイン

1　日本財政の実相

財政悪化の現状と将来予想

本章では、財政の持続性の問題についてさらに掘り下げる。そして、財政に限らず、一般的に「世代を超えた持続性の問題」に対して、私たちはどのようにアプローチすべきかを論じる。財政について、経済学でできることは債務GDP比率がどのような条件のときに持続可能になるかを計算することだけであり、債務比率を持続可能なものにするための政治的な意思決定をできるかどうかは、政治学や社会学など、経済学を超えた領域の問題である。したがって、持続性の問題を扱う本章の内容は、経済学を超えて、実験社会科学や政治学などにも関連するものとなる。

図6－1　日本の一般会計歳出、税収の推移

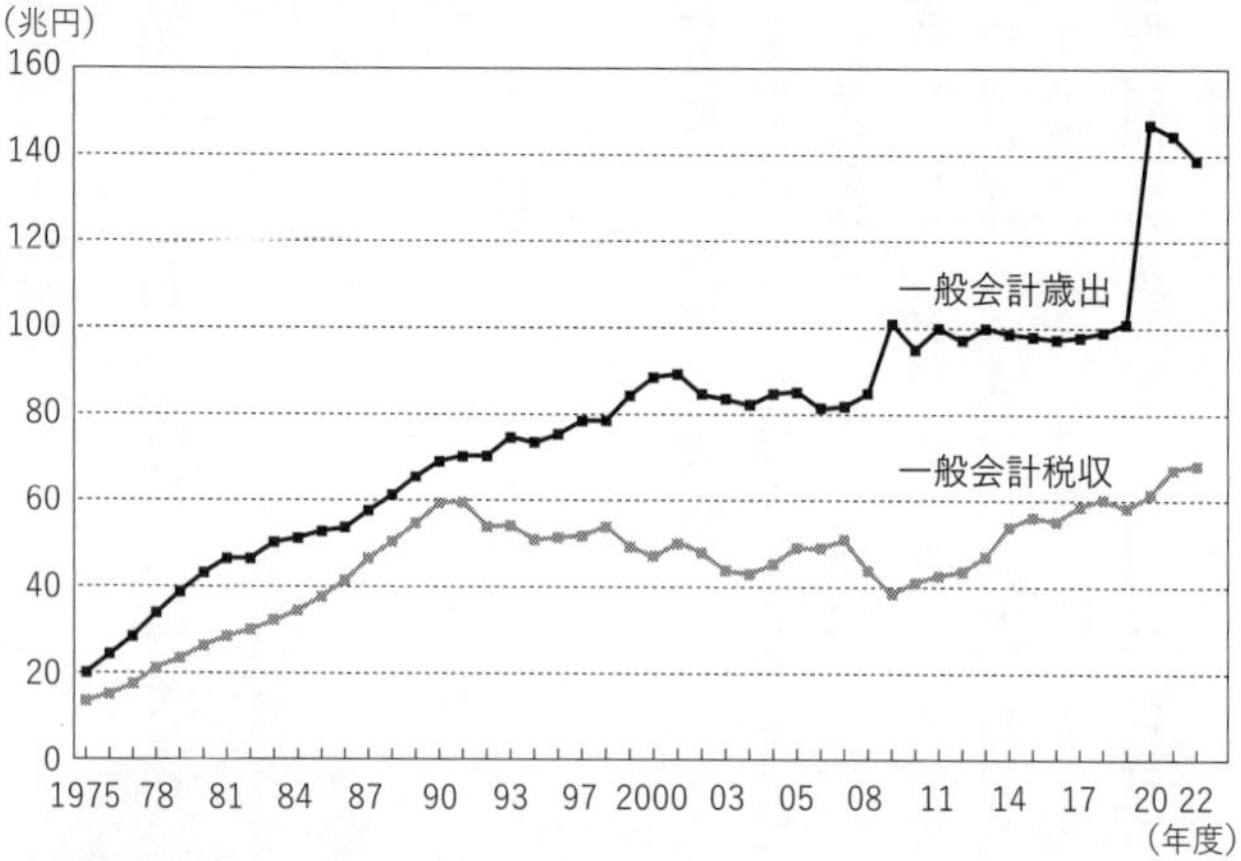

出所：財務書ホームページ

図6－1は、俗に「ワニの口」と呼ばれるグラフである。国家予算の一般会計歳出が過去三〇年間、堅調に増え続けているのに対し、一般会計税収がバブル崩壊後に低迷していることを示す。このグラフで歳出を「上あご」、歳入を「下あご」に見立てると、あたかもワニが大口を開いているかのような絵にみえることから、ワニの口と呼ばれるようになった。

歳出のうち、税収で賄えない差額の分は、借金（国債発行）で賄われている。図からは、バブル崩壊以前から、常に歳出は税収を上回っており、財政収支（公債費を含む）が黒字になったことは一度もない、ということが分かる。また、二〇二〇年はコロナ対策費の歳出が突出し、ワニの口どころか「一角獣の角」のようである。

ワニの口からの教訓は、財政収支の問題は一時的な問題ではなく構造的だ、ということであ

る。歳出が税収を超えていることは、景気変動にともなう一時的な現象ではなく、構造的に歳出が歳入を上回っている。つまり、景気が良くなっても財政赤字は無くならないということである。これは、多少、景気が回復しても、財政が自然に健全化することはありそうにない、ということを意味している。

日本では、二〇一三年にアベノミクスが始まる前までは債務比率は上昇し続けていたが、アベノミクス開始後、長期金利が顕著に低下したため、国債の利払い費が減少し、結果的に債務比率の上昇が止まった。しかし、これは金利の低下による一時的な現象と考えるべきで、金利が上れば債務比率は右肩上がりで増大すると思われる。

図6－2は、二〇六〇年までの債務比率の長期推計を示したグラフである。財務省が計算し、二〇一四年四月二八日の財政制度等審議会で資料として配布された。点線で示されたベースラインのケースが、現状がそのまま続いたときの債務比率の推移を示している。点線の部分では、経済は正常化していると想定されているので、経済成長率は年二パーセント程度、金利は成長率を上回ると想定されている。この計算では、二〇二〇年にGDP比二四〇パーセントの債務比率は、二〇五〇年にはGDP比五〇〇パーセントを優に超える。財務省の計算では、ベースラインケースの他に、「毎年の財政収支を改善して二〇六〇年度に債務比率を一〇〇パーセントまで下げる」ケースも計算している。機械的に計算すると、二〇六〇年に債務比率を一〇〇パーセントまで下げるためには、二〇二〇年以降の毎年の財政収支を（ベースラインケースに

図６－２　債務比率の長期予測

一般政府の債務残高（対GDP比）（イメージ）

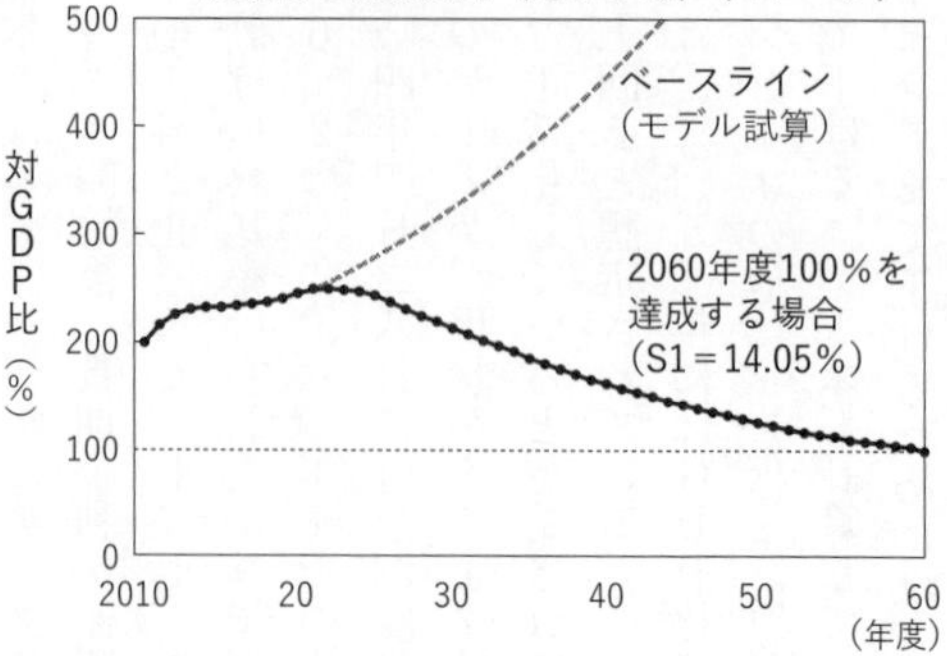

出所：財務省

比べて）ＧＤＰの一四・〇五パーセントも改善しなければならない。

これは途方もない数字である。約五〇〇兆円のＧＤＰの一四パーセントとは、金額にして約七〇兆円であり、毎年の国家予算（一般会計）の規模が約一〇〇兆円であるから、「債務比率を安定化させるには、国家予算七〇パーセントカットに相当する財政収支の改善が必要」ということになる。

ＧＤＰ比一四パーセント（約七〇兆円）の財政収支改善を、予算カットではなく、消費税の増税で実現しようとしたらどうなるだろうか。消費税率を一パーセント上げると、税収の増加は二兆円強になると言われている。約七〇兆円の税収増を実現するためには、消費税率をおおよそ三〇パーセントほど引き上げることが必要ということになる。つまり、「ＧＤＰ比一四パーセントの収支改善＝約七〇パーセントの予算カット＝消費税率約三〇パーセントの引き上げ」が債務比率の安定化に必要ということになる。このような財政改革が、日本の政治で実現できる可能性は限りなく小さいと言わざるを得ないだろう。

金利が成長率より低ければいいのではないか？

政治的に実現不可能な財政改革が必要になるのは、金利がいずれ経済成長率を上回る値（二パーセント～四パーセント程度）に落ち着くと仮定しているからであった。アベノミクスが開始されて以来、長期金利が低下して債務GDP比率が増えなくなっていることから、「金利を成長率よりも低く抑えられれば債務比率も抑えられるのではないか」という議論が永田町では聞かれるようになってきた。

たしかに、基礎的財政収支（プライマリーバランス：PB）をゼロ近辺で維持するような財政改革ができたうえで、「長期金利が経済成長率よりも低い」状態をキープするならば、債務比率は増えない。PBがゼロのとき、国債は長期金利の率で増え、GDPは経済成長率で増えるからである。しかし、図6－3で示された長期金利と経済成長率のグラフを見ると、長期金利が成長率より低い状態が永続するとは考えにくい。

図6－3から分かる通り、二〇一三年のアベノミクス開始からコロナ禍が始まるまでは、たしかに金利は成長率より低い状態が続いたが、それ以外の時期は、ほぼ常に金利は成長率より高かった。さらに過去にさかのぼっても、金利が成長率よりも低い時期はほとんどない。この先もずっと金利を成長率より低く維持できる、というのは甘い見通しというべきだろう。そも

図6－3　長期金利と名目経済成長率の推移

出所：財務省

そも経済成長論の標準的な理論から見ても、金利が成長率よりも高くなるのが正常な状態なのである（ただし、アメリカ経済では長期金利が名目成長率よりも低い時期がかなり頻繁に見られる。ドルが基軸通貨であることなどドルの特殊性が関係しているのではないかと考えられている）。

他にも、金利を成長率より低く維持しようと政府・日銀が決意したとしても、次のような二つの懸念がある。

第一は、外国通貨などへの資本逃避が起きるのではないかということである。異次元緩和という金融政策によって、金利は成長率よりも低い状態が維持できたが、その副作用として二〇二二年ごろから過度な円安が進んだ。これをいつまでも続ければ、日本の家計も金融機関も、円建ての資産からもっと利回りの良い外貨建て資産に乗り換える動きが強まるかもしれない。そうなれば、高率のインフレが起きるので、インフレ退治のために金利を上げざるを得なくなるかもしれない。このような、外貨への資本逃避が起きれば、金利を成長率より低く維持することはできなくなる。

また、資本逃避の原因は円安だけではなく、もっと広く日本国政府の徴税能力への信認が失われれば発生する。財政の持続性へのコミットメントが信用されなくなれば、資本逃避によるインフレというシナリオも現実味を帯びてくる。

第二の懸念点は、「そもそも格差拡大の副作用である「安全金利＜成長率」という状態を続けてよいのか」という問題である。前章で、非正規が増えるなど雇用環境が不安定化して雇用所得のリスクが高まると、経済成長率が下がることを論じた。しかし、所得リスクが高まると、成長率よりもさらに安全資産の金利のほうが大きく低下する。所得リスクが増えると人はそのリスクに備えるために、貯蓄を増やすので、経済全体では貯蓄過剰になって金利が下がるのである（Aiyagari 1994）。

もしも、「安全金利＜成長率」という状態が長く続くとすれば、そのような経済とは、個人からみれば所得リスクが高い状態が永続する経済（すなわち格差拡大が永続する社会）であると言える。金利が成長率より低ければ、政府債務の対GDP比率は抑えられるかもしれないが、そこでは、格差が大きく、所得の不安定な人々が常に不安を感じているような状況である。そのような社会は、国民にとってけっして幸せを感じられる社会（社会厚生が高い社会）とはいえないであろう。財政の目的は、社会厚生の高い経済を実現することのはずなのに、社会厚生を犠牲にして「安全金利＜成長率」の状態を作り、それでもって財政を安定化させようという議論は、まったく本末転倒である。「安全金利＞成長率」という正常な状態を実現し、社会厚生が高い経済を実現したうえで、財政の持続性を維持する方策を考えるべきである。

財務省の言っていることは間違いでは？

債務比率を安定化させるのに必要な収支改善幅が、非現実的なほど巨額になるという計算（GDPの一四パーセント＝約七〇兆円＝消費税率約三〇パーセント引き上げ分）は、財務省の資料から出てきたものだった。

財務省が財政悪化の現状を過大に申告しているのではないか、と疑う読者もいるかもしれない。しかし、実はほとんど同じ結果が、大学に所属する経済学者の研究でも示されているのである。日本の財政の持続性は世界的にも関心を集めているので、マクロ経済モデルを使って日本財政を分析する研究は近年海外の経済学者も行うようになってきた。たとえば、カリフォルニア大学ロサンゼルス校（UCLA）のゲイリー・ハンセンと南カリフォルニア大学（USC）のセラハティン・イムロホログルの研究（Hansen and Imrohoroglu 2016）、アトランタ連邦準備銀行のリチャード・アントン・ブラウンとUSCのダグラス・ジョインズの研究（Braun and Joines 2015）、東京大学の北《きた》尾《お》早霧《さぎり》の研究（Kitao 2018）などがある。

これらの研究でも、今後一〇〇年以上にわたって債務比率を安定化させるためには、消費税率を四〇パーセント〜五〇パーセント程度にすることと同じくらい巨額の財政収支改善が必要であると指摘されている。これは、追加的に消費税率を約三〇パーセント引き上げることに相当するから、財務省の計算結果とほぼ同じ結果であると言える。

ただ、図6－2の財務省の計算は機械的に債務増加を延長する単純計算だったが、右に紹介した経済学者の研究は、日本経済を緻密に再現したモデルを動かしているので、様々な政策変更の影響も検証できる。実際、彼らが行った政策シミュレーションでは、興味深い結果が示されている。

たとえば、ブラウンとジョインズの研究では、医療費の窓口負担を高齢者も現役並みの三割にすれば、消費税率は欧州並みの二〇パーセントでも財政は持続可能になるという（高齢者の窓口負担が一割のままの場合、消費税率は四〇パーセント程度にする必要がある）。これからの財政を最も圧迫するのが医療費の増加であることを実感させる結果である。

北尾の研究では、財政再建のタイミングが遅れると、若年世代・将来世代に大きなコストがかかることが示されている。一方、財政再建のタイミングが不確実な状況が続くと、中高年世代に大きな不確実性のコストがかかる。このことから、財政の今後の長期経路についての不確実性を無くすことは社会厚生を高めるために重要だと言える。

2　財政の持続性のための政策対応

必要な収支改善幅

前節で示したように、政府債務の対GDP比率が発散しないように抑え込むためには、非常に大きな規模で財政収支を黒字化することが必要になる。金利がたまたま理論的予想よりも低くなるという幸運があれば黒字化の幅は小さくできるかもしれないが、これから数十年もそのような幸運が続くと想定するのはあまりにも希望的観測がすぎるといえよう。GDPの一四パーセント程度の財政収支改善が必要だという試算を、ひとつの手堅い見積もりとして念頭に置いて考えるべきである。

財政収支改善のための政策手段

財政収支改善を実行するとしたら、どのような政策手段が求められるのだろうか。歳出改革としては、次のような取り組みが考えられるだろう。

①医療制度や年金制度について、若年世代が高齢世代を支えるだけでなく、高齢世代の中で、

比較的に富裕な高齢者がそうでない高齢者を支える仕組みを作ることで、財政支出全体を縮減することを目指す。つまり、所得や資産に応じた応能負担の原則を医療や年金でさらに強める。そのために、マイナンバー制度の活用によって、個人の所得や金融資産・不動産などの保有状況を、行政がリアルタイムで把握する仕組み作りを進める。

②雇用のセーフティネットや生活保護を代替する制度として、給付付き税額控除を導入する。給付付き税額控除を導入すれば、働き方の形態（正規、非正規、フリーランス、ギグワーカーなど）によらず所得に応じて同じように給付／課税が決まり、多様な生き方に対して中立的なセーフティネットを実現できる。給付付き税額控除を導入すると同時に、雇用保険や生活保護の簡素化を行い、財政支出の縮減を目指す。ここでも、タイムリーな給付が行えるように、マイナンバー制度を活用して行政が個人の所得や資産をリアルタイムで把握する仕組みを作る必要がある。

③今後の財政を圧迫する最も大きな要因である医療費の膨張を抑える。そのために、医療提供体制の改革を急ピッチで進める。プライマリ・ケアを行う「かかりつけ医」の制度化（診療所のグループ診療化の促進、一定の研修の義務化、住民の任意での「かかりつけ医」登録制の導入）や、高度医療の集約化を推進する。

また、歳入面では、様々な税目での増税を図る必要がある。今後の増税余地のある税目としては、やはり消費税が挙げられる。消費税は高齢世代も若年層も等しく負担するという意味で世代間の公平性が高く、景気が変動しても税収があまり大きく変化しない安定財源である。そして、経済活動に与える非効率（いわゆる税の歪み）は、消費税のほうが所得税や法人税よりも小さい。

また、消費税率一〇パーセントはアジア諸国では平均的な値だが、欧州の消費税率は平均二〇パーセント程度であり、最終的に欧州並みの税率も許容範囲だとすればまだ引き上げる余地があると考えられる。消費税は短期的に景気を悪化させるとか、逆進的であるとの批判があるが、いずれも短期的影響であり、長期的には生涯所得がなんらかの消費支出に使われることを考えれば、逆進的であるとは必ずしもいえない。公正な相続税制と組み合わせるなどすれば、富裕層と低中所得層の間で公平性を保つことができる。

この他にも、税収を増やすためには、所得税の累進性を上げること、相続税など資産課税を強化すること、などの方策が考えられる。法人税については、企業が国境を越えて移動しやすい現状にかんがみると、法人税率を上げると企業の海外流出につながるとの懸念が常に指摘される。しかし、財政への危機感が国民全体で高まり、企業市民としての意識が高まれば、法人税の増税も社会的に受け容れられる可能性は高いかもしれない。あらゆる税目を見直し、歳入の増加を図る必要がある。

他方で、インフレによる事実上の債務減免も、可能性としては考えられる。緩やかなインフレを長期間継続できれば、債務の実質的な価値を引き下げることができる。たとえば長期金利をゼロに保ったまま五パーセントのインフレを一〇年間続けられれば、いまある債務の価値を半分以下にできる。

しかし、インフレで政府債務の負担を軽くするためにはかなり高い率のインフレを何年も続ける必要があり、国民の不満は高まる。インフレ圧力が高まっている中で日本銀行が金利を抑え続ければインフレが制御できなくなり、何十パーセントという高インフレになる可能性もある。また、多くの日本国民が円建ての資産を捨てて、外貨建て資産に乗り換える資本逃避も起きるだろう。こうなると、これは財政破綻ともいうべき状況である。

政府債務の負担削減のために何年も金利を低く抑えながら緩やかなインフレを維持すること（金融抑圧という）は、第二次世界大戦直後の資本取引規制が強い時代にアメリカなどで実施されたが、自由な資本取引がグローバルに保証された現代の金融市場を前提にすると、とても長く実施できる政策とは思われない。

財政危機対応プランはなぜ作られないのか？

財政再建の手立ては限られており、どれも政治的な実現可能性は低い。現状が続いて、政府の統治能力や円貨に対する信認が失われれば、急激な財政危機は起こりうる。それは、円から外貨への逃避による急速な円安とインフレ、国債の市場消化の未達による金利上昇などの事態である。

このような危機がいつどのような態様で起きるか予想することは難しいが、いくつかのシナリオに応じて、政府が財政危機への対処計画をあらかじめ作っておくことは可能で、そのような対応計画があればいざというときに有益だと思われる。巨大地震への対応計画を準備することと同じである。

しかし、地震への対処計画とは異なり、財政危機が起きた場合の対応プランは作られていないし、むしろ、作るべきではないという空気が政府内には強い。いわく、「政府が財政危機プランを作ると、国民がパニックになり、その結果、財政危機が誘発される」。これは「深刻な不良債権問題のさなかに銀行破綻処理手続きを政府が作ると、銀行はそんなに経営状態が悪いのか、と国民が驚いて、銀行預金引き出しに走るので、銀行危機が誘発されてしまう」という、第1章で論じたロジックとまったく同じである。政府が財政危機の対応計画を作ることが「危機が差し迫っている」というシグナルになり、その結果、国民が国債から逃避するので財政危機を招いてしまう、ということである。

また、次のような論も政府関係者からよく聞かれた。「財政危機を起こさないことが政府の責任なのに、危機が起きる前提の計画を作るのは責任放棄である（だから危機対応プランを作るべきではない)」。これは、筋が通っているようでいて、よく考えるとおかしな議論である。たしかに財政危機を起こさないように財政運営するのが政府の責任だが、「危機を起こさない責任がまっとうできなかった場合の備え」を事前に考えることも政府の当然の責任ではないか。危機を起こさないように政府が全力でがんばったとしても不幸にも危機が起きる可能性はあるのに、その可能性に備えないほうが無責任ではないか。

危機プランを作ることさえ口にすべきではない、というこの議論がおかしいのは、「危機が起きるかもしれない」と話したりしなければ危機は来ない、という発想に等しいからである。これは、「縁起の悪いことを話さなければ、そのような悪いことは起きない」という言霊《ことだま》信仰そのものである。少なくとも一〇年ほど前までは、政府の官僚の間でもこうした不合理な議論がまかり通っていたのである。

前者の「危機対応プランを政府が作ると国民がパニックになる」という議論に対しては、次のような反論が可能である。

第一に、日本銀行による事実上無制限の国債買い入れが続いている中で、政府が財政危機対応プランを検討していることが国民に伝わったとしても、それだけで市場がパニックを起こすとは考えられない。現在、日銀が国債を買い支えるという強い期待が市場参加者に共有されている。もし国債市場でパニックが起きれば日銀は間違いなく国債を買い支えるであろう。このような期待がある中で、政府が危機対応プランを作ってもパニックのトリガーになる可能性はないだろう。

むしろ、危機プランを準備することで、政府の用意周到さに対する信頼が高まる。財政の持続性に対する政府のコミットメントについての、国民からの信認を高めることにもつながるだろう。信認が高まれば、財政不安による長期停滞は緩和されるので、少なくとも現在の経済に好影響はあるはずである。

危機対応プランのアウトライン

財政危機への対応プランについて、筆者は民間の有志とともにアウトラインを作成したことがある（東京財団政策研究所2013、小林2019）。

筆者らのプランでは、危機後の対応プランを、短期（発生当初の数日から数週間程度）、中期（発生後数か月程度）、長期（発生後一年〜二年程度）の三段階に時間軸を分けて次のように概要を考えた。

①短期の対応策：緊急の国債市場の安定化対策（日銀による無制限の買い入れ）、金融機関への流動性供給・資本増強など

短期の対応策としては、金融市場や金融システムの安定化を最優先で図る必要がある。

②中期の対応策：政府の予算の執行停止で財政収支を改善する

中期の対応策とは「止血」措置に等しい。広範な政府の予算項目のうち、緊急に執行停止してよいものを「事前に」リストアップしておいて、危機になったときにそれらの項目を執行停止にすることが望ましい。執行停止できる項目は、平時においてリストアップするべきである。なぜなら、危機が発生してから執行停止の対象を選んでいたのでは、緊急事態の混乱の中で、国民の利益にならない決定や国民の生命財産を危険にさらすような決定がなされる可能性が高いからである。

つまり、どの予算項目を執行停止すべきか、を平時のうちから決める「事前のトリアージ」が欠かせないのである。しかし、数人の民間有志では、政府予算の広範な項目を検討することはできない。政府が組織的にトリアージを行う必要がある。そのため、民間ではなく、政府が危機対応プランを作成する必要があるのである。

③長期の対応策：本節の前半で論じた歳出と歳入の改革による財政収支の構造的改善

危機によって改革意欲が社会全体に共有されたときが、財政の構造改革を実行に移すチャンスになるはずである。

3　世代間問題――財政問題を一般化する

世代を超えた投資は実行可能か？

政府の借金が増え続けていることは、一九九〇年代の終わりごろには大きな問題として認識されていた。なぜ、対処が遅れ続けたのだろうか。その理由は、財政の問題が「世代間問題」のひとつであるから、だと言える。

本書では、世代間問題を「現在世代がコストを支払うと、現在世代は何も得られないが、コストを支払っていない将来世代がリターンを得るという超長期の時間軸を持つ（政策的な）投資プロジェクト」であると定義する。つまり、現在世代が負担をし、将来世代が受益するという投資プロジェクトである。

財政の持続性については、現在世代が増税や歳出削減など、「痛み」をともなう財政改革を行えば、現在世代は何も見返りを得られないかもしれないが、将来世代は安定したマクロ経済環境という利益を得る。現在世代が財政健全化のコストを負担すれば、将来世代が財政健全化の利益を得る、という世代間問題なのである。

地球温暖化問題も世代間問題の代表例である。現在世代がコストをかけて温室効果ガスの排出を削減できたら、現在世代は見返りを得られないかもしれないが、将来世代は安定した気候という利益を得られる可能性が高い。これも現在世代がコストを払えば、将来世代がリターンを得る、という問題である。

原子力発電所の核廃棄物の最終処分の問題も世代間問題と言える。核廃棄物の最終処分場の場所の決定と建設は、政治的に膨大なコストのかかる事業であるが、現在世代がそのコストを支払えば、将来世代は放射性物質による環境汚染の回避というリターンを得る。

世代間問題が示す政治の限界

ここに挙げた世代間問題は、どれも二〇世紀後半に出現したものである（財政の破綻は昔からあったが、社会保障制度の普及による世代を超えた長い年月での財政悪化の問題は二〇世紀後半以降の問題である）。世代間問題は、近現代の議会制民主主義ではそもそも想定されていなかった政策問題であるといえるのではないだろうか。

議会制民主主義では、ある政策プロジェクトがあれば、その関係者を代表する議員が一堂に会して議論し、多数決で採否を決定すると想定されている。しかし、世代間問題ではコストを支払う現在世代は議会に参加できるが、リターンを得る将来世代はまだ生まれてきていないので議会に参加することはできない。将来世代の利益を代表して議論する議員はいないので、コストを支払うだけの現在世代の利害で議会の意思決定が行われることになる。将来世代の意思は、原理的に、政策プロジェクトの採否に反映できない。

議会政治に参加する現代人が完全に利己的で合理的だったら、自分たちがコストだけ支払ってリターンを得られないプロジェクトは「実行しないことが最適」と判断することになってしまう。たとえば財政の健全化も地球温暖化対策も、自分たちの世代では実行しないことが議会の意思決定になる。つまり、世代間問題を次世代に先送りすることをすべての世代が選ぶので、議会制民主主義では世代間問題は解決されないまま問題が膨れ上がっていくのである。

もちろん、現在世代は完全に利己的ではなく、「(将来世代に対する)利他性」を持っている。将来世代の利益への配慮は、利他性の発揮によって一定程度は確保されている。しかし、財政問題、地球環境問題、原発の管理などの世代間問題が顕在化する現実が示しているのは、現在世代の「利他性」が端的に不十分であるということだろう。人々が合理性にもとづいて自己利益を最大化する現代社会では、人間が持つ弱い利他性では、社会の持続性を維持することは難しいということである。

ちなみに、近代以前の伝統的社会では、「非合理性」が世代間問題の解決を実現していたといえる。宗教や伝統文化による社会規範は、個人の利己的・合理的な判断を有無を言わさず制限するものであり、個人からみれば非合理的な掟であった。しかし、宗教や伝統文化による強制的な社会規範が、人々の消費行動を抑制し、現在世代が資源を消尽することを防止していた。個人からみれば非合理的な社会規範が、社会の持続性を保つ働きをしていたのだと思われる。

近現代になって、特に民主主義の政治体制の下で、現在世代が利己的・合理的に意思決定を行うようになると、持続性を保つ働きをしていた非合理的な社会規範は失われた。
このように、世代間問題すなわち超長期での持続性の問題は現代の政治に特有の困難であるといえる。

持続性がなぜ必要か——政治哲学的な考察

本書の議論の根源的な前提として、「この世界を世代を超えて持続させることは重要だ」という仮定がある。当たり前のことのようだが、有限の生しかない人間がなぜ自分の死後に世界がどうなるかを心配するべきなのかは必ずしも明白ではない。これは世代間倫理を基礎づける重要な問題である。

筆者は持続性の問題について次のような公的承認の理論を提起している（小林2023）。アクセル・ホネットが論じているように、ヘーゲル哲学のひとつの解釈として、人生は承認をめぐる闘争だとする見方がある（『承認をめぐる闘争——社会的コンフリクトの道徳的文法』法政大学出版局）。個人も国家も、他者からの承認を得ることを目指して活動し、承認欲求を満たすことで満足を得る。しかし、ある特定の誰か（A）から承認されることになぜ価値があるのか。そこには承認を与えるAの価値の根拠として、さらに別の誰か（B）がAを承認することが要請される。そしてBをさらに別の誰か（C）が承認しなければならない。このように私に承認を与える者は誰から承認されるのか、と辿っていくと、最終的には無限遠の未来の将来世代からの承認に行きつくことになる。

哲学者のサミュエル・シェフラーは、世界が自分の死後も存続しなければ、人間は自分の人生に意味を見出せなくなる、と指摘した（シェフラー2023）。このシェフラーの指摘は次のように解釈できる。すなわち、「個人の（利己的かもしれない）人生の目的は、そもそも将来世代の直接間接の承認が期待できて初めて意味を持つ」ということである。

利己的なものも含めて、現在世代の私たちが人生で追求する価値の根拠は、無限遠の将来世代からの承認である。言い換えれば、まだ生まれない将来世代からの承認（「公共的承認」）が、私たちの人生の日々の価値を支える。

こう考えると、世界の持続性は、我々の日常と切り離された問題ではなく、私たちの存在そのものを支える基礎だと分かる。私たちが将来世代に何を遺すのかという問題は、私たちが将来世代からどのように承認されるか、に関わる。そして、それはダイレクトに、現在の私たちの人生の価値を決める問題であると言える。

4　世代間問題への新しいアプローチ——フューチャー・デザイン

七世代先の子孫の立場で考える

私たちの政治的な意思決定に、将来世代の利益をもっと反映するにはどうしたらいいのだろうか。なんらかの方法で、私たちの「将来世代に対する利他性」をもっと強めることはできないだろうか。こうした疑問を追求し、新しい政策決定の手法を考案する試みが「フューチャー・デザイン」である。フューチャー・デザインは、二〇一二年から大阪大学教授（当時）の西條辰義《さいじょうたつよし》によって開始された政策決定についての研究と実践である（西條2019）。

西條は、かつて北米先住民六部族の連邦国家イロコイの憲法に「社会の重要なことを決める際には七世代先の子孫の立場に立って意思決定せよ」という規範があったという話を聞き、その方法を現代社会でも使えるのではないかと考えついた。大学の教室での実験など試行錯誤を経て、「現在の政策選択を議論する場で、何人かの参加者に、数十年後の将来世代になり切ってもらい、数十年後の将来の時点から現在を振り返ったつもりで議論してもらう」という手法がフューチャー・デザインとして定着した。数十年後の将来世代になり切る人のことを「仮想将来世代」と呼ぶ。討論の参加者の一部が将来世代の役割を演じる一種のロールプレイングゲームとして、政策討論を実施するということである。なお、フューチャー・デザインの手法はさらに進化が続いている。たとえば、現在の政策決定の理由説明を将来世代に文書として遺すという手法も将来世代への利他性を高める効果が観察されている。

フューチャー・デザインの取り組みは、当初、大阪大学の西條のグループが中心となって発展させたが、その後、日本各地に広がりをみせており、大学の研究者に限っても、いまでは中川義典（上智大学）、西村直子（立命館大学）、原圭史郎（大阪大学）などのグループが取り組みを続けている。また後述する通り、フューチャー・デザインは自治体の行政での実践が中心的活動なので、市町や都道府県など自治体行政の長や担当者レベルでも自発的な取り組みが広がっている。

仮想将来世代による討論と意思決定は、市町レベルの行政課題をめぐる住民討論で実践される例が増えており、それらの事例で興味深い結果が報告されている。通常の住民討論よりも、仮想将来世代が入った住民討論のほうが、将来世代に配慮した意思決定がなされる傾向があることが分かったのである。

矢巾町における水道料金をめぐる住民討論

最も分かりやすい事例が、二〇一五年に行われた岩手県矢巾町《やはばちょう》における上水道事業の料金値上げに関する住民討論である。矢巾町は盛岡市の南西に位置する人口二万六〇〇〇人ほどの田園都市である。この年、政府からの要請で、全国の市町村が二〇六〇年の地域の将来を展望する二〇六〇年ビジョンを作ることになり、矢巾町でも二〇六〇年を展望した町政ビジョンを描くことになった。その一環で水道事業の将来を住民討論で議論したのである。

矢巾町の住民にランダムに町役場から招待を送り、それに応じた住民の人々を一か所に集めて、五人程度を一組にしてそれらの組ごとに議論をしてもらった。まず通常の住民討論、すなわち現在世代の視点での住民討論を行った。すると、当時、矢巾町の水道事業は黒字だったので、「水道料金を値下げして黒字を住民に還元するべきだ」という意見が大勢になった。しかし、「二〇六〇年の矢巾町の住民になったつもりで二〇一五年の水道事業を振り返って議論をしてください」と住民に仮想将来世代となるよう促すと、参加者の思考や発言が大きく変わった。二〇一五年当時から二〇六〇年までの年月を考えれば、水道管の交換や浄水場の補修や建て替えが必要になるということが、討論参加者にあらためて我が事として感じられるようになった。「いま（二〇一五年）は水道事業が黒字であっても、二〇六〇年までの年月をトータルで考えると資金が足りない」という認識が共有された。その結果、水道料金を値下げするのではなく値上げをして将来の設備投資に備えるべきだという意見が強くなり、通常の住民討論とは正反対の結論、すなわち、「水道料金を値上げすべきだ」という結論が仮想将来世代による住民討論のコンセンサスとなった。この住民討論の結果も含めて検討された結果、矢巾町の水道料金は二〇一七年に現実に値上げされた。

将来世代の視点で議論するという「視点の転換」によって、人の考え方が変わり、政策決定が変わったのである。矢巾町と同様のフューチャー・デザインによる住民討論は、この一〇年あまりの間に、市町レベルの自治体でいくつも実践されている。それらの事例でも、うまく視点を切り替えて仮想将来世代になり切ることができれば（西條はこの視点転換を「未来に跳ぶ」

と表現している）、議論の様相が大きく変わることが何度も観察された。通常は出てこないような斬新で柔軟な発想が出てきたり、自分の意見を押し付けようとしていた人が他の参加者の意見を客観的に聞こうとするように態度が変わったりするなど、議論が活性化したのである。

仮想将来世代の思考様式

なぜ参加者が仮想将来世代になるとそのような議論の活性化が起きるのか、視点の移動が人の思考をどのように変化させるのか、また、その変化は恒久的なものなのか。こうした疑問については、データ数も統計学的に分析するには少ないことなどもあり、まだ科学的にじゅうぶんには解明されていない（最近の西村たちの研究では、仮想将来世代になると時間選好率が高くなるという証拠が得られつつあるが）。

定性的な結果ではあるが、矢巾町での住民討論の参加者に、中川義典が事後的に行ったインタビューが興味深い。インタビューの結果を模式的にまとめると図6－4になる。

フューチャー・デザインを経験する前は、人は将来世代のことを考える際、あくまで現在の自分を主体と認識し、そこから将来世代を客体として捉える（図6－4の上のパネル）。ところが、フューチャー・デザインのワークショップで仮想将来人になる経験をした人は自己の中にいくつもの視点を同時に持つことができるようになった、と言うのである（図6－4の下のパネル）。まず「現在の自分」があるが、仮想将来人になることで「将来人としての自分」も頭の中にできる。さらに、現在の自分と将来人としての自分の両方を高い視点から眺めながら比較検討して「俯瞰的に考える自分」もできるというのである。インタビューの回答者は、フューチャー・デザインのワークショップの後、これらの三つの「自分」の間を視点移動しながら物事を複層的に考える習慣ができた、と答えている。そしてそのような新しい思考習慣を生活の中で実践することは「楽しい体験」だと言うのである。

図６－４　仮想将来人の思考様式

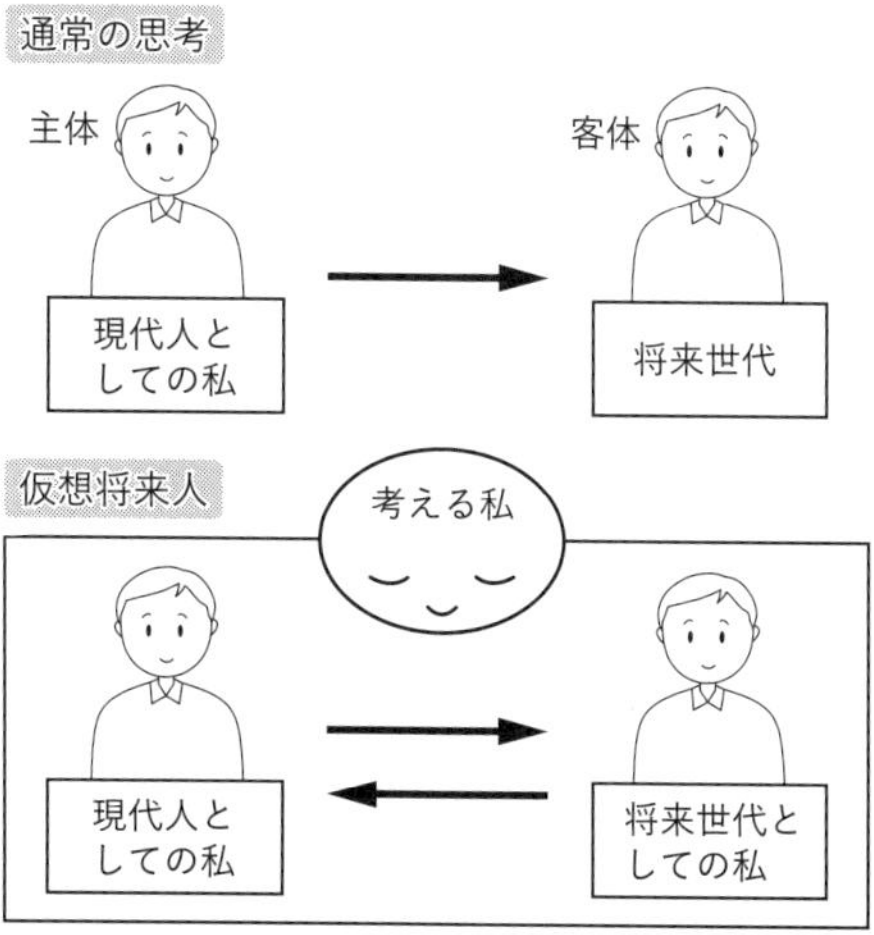

再帰的思考の拡張としてのフューチャー・デザイン

このような思考習慣は、再帰的思考（すなわち「思考についての思考」）の拡張と理解できるかもしれない。再帰的思考とは、「人が他者の思考を読んだうえで思考する」という、合理的期待の基礎となる人間の思考様式であるが、通常は、現時点における自分と他者の間で、お互いが相手の思考を読み合うことを指す。私が他者の思考を読み、他者が私の思考を読む、そして、互いに思考を読み合っていることをさらに互いに読み合う、という無限ループを発生させるのが再帰的思考であり、その無限ループの不動点が合理的期待である。

ここで、現在世代の私と、将来世代の他者の間で再帰的思考は可能か、と問えば、それはもちろん不可能である。将来世代はまだ存在しないので、当然ながら現在世代と将来世代が思考を読み合うことはできない。フューチャー・デザインのワークショップで仮想将来人になる経験は、本来は不可能な将来世代との間での再帰的思考を、「仮想将来世代」になることで自分の頭の中でシミュレートする経験だと言えるのではないか。

「現代人としての自分」と「(仮想の)将来人としての自分」の間で、互いの思考を読み合うという再帰的思考のループができる。その二つの自分を「俯瞰して考える自分」は、ループを超越的に眺めながら、そのループを閉じる一種の「合理的期待」を形成する主体であるということができよう。

再帰的思考が、他者と自分を対等な主体として認識する思考方法だとすれば、仮想将来世代との再帰的思考の経験は、(仮想の)将来世代と私たち自身を対等な存在として認識し、彼らと対等に対話する経験をもたらすのではないかと思われる。

仮想将来世代との内的な対話が、私たちの中で将来世代を対等に遇する心構えを形成し、結果として、将来世代への配慮や利他性を高める。このような心的変化の筋道が見えてくるのである。

5　フューチャー・デザインを政策に活かす

フォーリン・アフェアーズ誌一〇〇周年記念号

矢巾町では、フューチャー・デザインの住民討論によって持続性に配慮した政策変更が実現できたことから、高橋昌造町長はフューチャー・デザインを町政に積極的に取り入れる方針を採用した。矢巾町は二〇一九年四月から未来戦略室を設置し、同室が中心となって町政の五か年総合計画の策定にフューチャー・デザインを活用する仕組みを作っている。フューチャー・デザインの住民討論によって町政の論点を洗い出し、斬新な政策アイデアの提案を受けて町政のヒントにするのである。町の職員は、「フューチャー・デザインを採用してから、住民の皆さんが積極的に住民討論に参加する傾向が高まった」と言い、住民の意識が変化したことを実感しているという。

フューチャー・デザインは、西條辰義が着想した日本発の研究プロジェクトだが、国内の学術界からはなかなかその研究分野としての価値を認めてもらえなかった。大型の科研費（科学研究費補助金）に応募しても不採択になることが繰り返された。そのような状況の中で、個々の自治体でのフューチャー・デザインの実践や海外の研究者や実務家との交流が先行して進んでいたが、徐々に海外で注目されるようになってきた。

その象徴的な出来事が、フォーリン・アフェアーズ（Foreign Affairs）誌で矢巾町の取り組みが紹介されたことである。アメリカの著名な論壇誌フォーリン・アフェアーズは、二〇二二年の九／一〇月号が創刊百周年記念号であった。その記念すべき巻頭論文は、スコットランドの若い哲学者ウィリアム・マカスキル（William MacAskill）が書いた「歴史の始まり（The Beginning of History）」である（MacAskill 2022a）。フランシス・フクヤマが三〇数年前に書いた「歴史の終わり（The End of History?）」へのオマージュとして書かれたこの論文の中で、マカスキルは矢巾町の水道事業の取り組みを詳細に紹介しているのである。

地球環境問題など人類が直面する持続性の問題を論じた「歴史の始まり」で、マカスキルは地質学的にはまだ始まったばかりの人類の歴史をあっという間に終わらせてしまうかもしれないリスクとして持続性の問題を挙げる。それに対し、将来世代の視点に立った意思決定の方法を採用することで持続性の問題に対処できるのではないかと矢巾町の取り組みを肯定的に論じている。残念ながら、フォーリン・アフェアーズ論文にはフューチャー・デザインという単語はあらわれないが、マカスキルはワシントン・ポストで矢巾町を紹介した論説記事を書いており、その中では、フューチャー・デザインという名称もしっかりと紹介されている（MacAskill 2022b）。

フォーリン・アフェアーズで紹介されたことで、逆に日本でもフューチャー・デザインの注目は上がってきている。たとえば財務省は中高生や社会人向けに財政の現状を伝える広報活動（「財政教育」という）に長年取り組んでいるが、この論文をきっかけにフューチャー・デザインに注目した。そして、二〇二二年末ごろからフューチャー・デザインを財政教育のひとつの方法として活用することを模索し始めている。

地域社会、企業への展開

この一〇年、矢巾町での先行例を追って、各地の自治体が地域の行政課題を論じる方法としてフューチャー・デザインの手法を活用する動きが広がってきた。長野県松本市（市庁舎建て替え問題、新交通システム問題についての住民討論）、大阪府吹田市《すいたし》（市レベルのエネルギー環境政策、リサイクル政策などについての住民討論）、京都府宇治市（街づくりについての住民討論）など、その他にもたくさんの市町が地域の課題についてフューチャー・デザインを使って住民討論を実施し、良い結果を得ている。また、いくつかの府県でもフューチャー・デザインを行政の意思決定に活用したいという検討が進んでいる。

ひとつの興味深い事例は、京都府が用水を提供している一〇の市町と京都府との間でのフューチャー・デザインの取り組みである（西條2019）。府と一〇の市町の職員が、数十年先の同じ自治体の職員になったつもりで現在の政策を振り返るというかたちで議論した。フューチャー・デザインを使わずに一般的なやり方で議論すると、各市町の抱える事情がぶつかり合って折り合いがつかず、なかなか合意ができなかった。しかし、フューチャー・デザインによって数十年先の市町の職員の立場から振り返ると、それまで絶対に譲れないと思っていた自分の市町の「事情」が、こだわる必要のない些事に見えてきたのだという。その結果、一〇の市町の間で合意できることが増え、前向きな議論ができるようになった。フューチャー・デザインには、視点移動によって、対立を相対化して弱める働きがある、と示された印象的な事例である。

また、フューチャー・デザインの活用例として、企業の幹部研修や社員研修でワークショップを実施することもいくつか試みられている。通常、企業の経営計画は三年で長期計画といわれ、どんなに長くても一〇年先まで考えるのが限界である。三〇年も五〇年も先まで考えても企業が存続しているかどうかさえ分からないので、あまりにも長期の将来は考えても意味はない、というのが通常の感覚である。その中で、あえて三〇年先や五〇年先の社会を想像しながら企業のあり方を振り返ると、その企業の存在意義を白地から考えなおすことができる。現在視点で考えると様々な「しがらみ」や「こだわり」から抜け出せないが、数十年先の将来視点に立つと、現在の視点では最重要に思われるような「会社の事情」も些事に見えてきて、自由な発想が促される。このことは、前述の京都府と一〇の市町のフューチャー・デザイン実践で示された通りである。

フューチャー・デザインとしての独立財政機関

このように、自治体レベルで地域社会の課題解決を図るための、または企業などの団体の将来展望を得るための議論の方法として、フューチャー・デザインはかなり注目されるようになったが、西條らのもともとの意図は、地球環境問題など、世界または社会の全体としての持続性の問題の解決を図ることだった。つまり、地域よりも、国全体、またはグローバルな課題にフューチャー・デザインで取り組むということがねらいであった。

フューチャー・デザインの初期のマニフェスト（西條２０１５）には、中央省庁のひとつとして、「将来省」を作り、将来省が数十年先の将来世代の視点に立って現在の行政を監視するという構想が論じられている。自治体の住民討論ではひとりひとりの個人が仮想将来世代になるが、国全体の行政のレベルでは、恒久的な行政組織として、「将来省＝仮想将来世代」を作るという構想を考えていたのである。

将来省の構想はやや空想的と思われるかもしれないが、「仮想将来世代として機能する恒久的な公的組織を創設する」という発想は、第5章で論じた独立財政機関の創設とピッタリ符合する。独立財政機関は、現在の政治的なしがらみから独立した中立的な機関であり、三〇年～五〇年先までの財政の推移を長期推計して公表することで、国民や政治家、政府関係者に向けて情報提供する。独立財政機関は「数十年先までの長期推計を現在の国民に示す」というだけで、すでに将来世代の視点に立った仮想将来世代だと言える。

独立財政機関は、現在世代の私たちが普段は意識していない数十年後の財政の姿を、私たちの目の前に提示してあらためて明確に意識させる。これはまさに将来世代の利益を代表するエージェントの機能である。独立財政機関が示す長期推計に現在世代の国民や政治家が接することで、自《おの》ずから財政をめぐる議論に持続性への配慮が強まることが期待されるのである。

最後に、独立財政機関あるいはもっと一般的に「仮想将来世代として機能する公的機関」は民主政のシステムの下で正当化されるのか、という問題を論じておきたい。税や財政については国民の代表である議会が決めるというのが民主主義の基本であるから、独立財政機関が議会の意思決定を制限するならそれは問題だ、という反対論もあり得るからである。一九七〇年代に当時の社会保障制度の普及を格差原理の議論で正当化したロールズの『正義論』を参照して考える。

ロールズの無知のヴェールの思考実験からは、各世代が次の世代に対して一定の資源を遺すべきであるとのルール（「公正な貯蓄」のルール）が導き出される。自分たちがどのような境遇の世代に生まれるか分からないという原初状態では、「最も不遇な世代の効用を最大化するべきだ」と人々は合意するからである。独立財政機関は、このままいくと将来世代はどうなるか、という予測を現在世代に見せることによって、現在世代が「公正な貯蓄」を将来世代への責務として再認識するように促す。つまり、独立財政機関は、「公正な貯蓄」が各世代によって実行されることを保証するコミットメント・デバイスであると解釈できる。このように、独立財政機関の創設は、ロールズの政治哲学のロジックからも、民主的な政治システムにおける公正な社会制度として正当化されるのである。独立財政機関は民主主義からの逸脱ではなく、民主主義の補強なのである。

独立財政機関と民主主義との関わりについての議論は、中央銀行制度と民主主義との関係を想起させる。中央銀行制度も、政治家ではない専門家集団が、金利など政治的にも重要な経済変数を決定する。これも一種の民主主義の補強といえる。第5章でも論じたが、一九世紀から二〇世紀にかけて中央銀行制度が普及したことで二〇世紀の景気変動が安定化したように、二一世紀には、独立財政機関の創設が各国に普及したことによって、経済財政の持続性や安定性をめぐる問題が緩和された、ということになるのではないだろうか。

将来世代の視点に跳んで現在を振り返るならば、そのような二一世紀の経済政策史が見えてくるかもしれないのである。

終章　縦割り主義から「再帰的思考」へ

再帰的思考の欠如

日本の三〇年間のマクロ経済政策からどのような教訓を引き出すべきだろうか。

本書で論じたように、一九九〇年代以降の三〇年間のうち、前半の一五年は不良債権処理の先送りという失敗で特徴づけられる。問題解決が遅れたことが経済社会に慢性的な不確実性と疑心暗鬼を生み、経済活動が萎縮して企業も労働者の人的資本も劣化していった。後半は、デフレ（物価の下落）脱却を最優先して極端な金融緩和政策を二〇年の長期間にわたって続けたため、財政健全化への政治意思の後退、構造改革への意欲の減退、経済の新陳代謝の停滞などが起きて、長期の経済成長に必要な経済社会の構造変化が阻害された。

こうした政策の失敗の共通点は、為政者の「再帰的思考の欠如」だったといえるのではないだろうか。再帰的思考とは、他者の思考について思考することである。自分が相手の思考を読み、相手が自分の思考を読むという無限ループを経て、自他の行動が決まるという状況を指す。政策当局者が、「この政策を実行したら国民や市場はどう考え、どのように反応するだろうか」と、幅広い対象者について深く真剣に考えていたら、政策失敗の多くは防げたかもしれない。

一九九〇年代の不良債権処理については、銀行システムの都合を優先したため、破綻する銀行がでないように何年もかけてゆっくりと整然と処理を進めようとした。その結果、銀行以外の家計や企業の間に疑心暗鬼が広がり、経済が停滞し、そしてさらなる不良債権が発生するという悪循環に入り込んだ。最初から、「(銀行業界以外の)家計や企業がどのように考え、どのように反応するか」を当局が考慮に入れて迅速な不良債権処理を行っていたら、バブルの後始末はもっと早く終わっていただろう。政策当局は、自らの管轄領域しか視野に入らない縦割り主義の中で思考していた。国民の思考について幅広く真剣に思考するための広い視野と強い想像力、すなわち再帰的思考が欠如していたのである。その結果、他の国々では三年か四年で終わる不良債権処理に一五年が費やされ、後ろ向きの仕事で一世代が失われた。

二〇〇〇年代以降の金融政策についても、ゼロ金利環境でのインフレ期待の形成メカニズムや、デフレ（物価下落）と不況（生産高や雇用の減少）の因果関係について、経済学的に解明しきれていない状況の中で、効果の不確かな政策が手探りで実施された。「日本銀行がデフレ脱却の強い決意を、マネタリーベースの量で示せば、国民はインフレになると信じるはずだ」というかなり素朴なリフレ派の議論をベースにして、日本銀行はマネタリーベースを増やした（しかし、日銀がいまマネタリーベースを増やしても、今後も金融引き締めをしないという保証はできないので、インフレが起きると国民が信じる明確な根拠はなかった）。その後、インフレ期待を生み出す効果が出なくてもこの議論は撤回されず、マネタリーベースを増やし続け、「効果が出ないのは、マネーの増やし方が足りないからだ」という証明も反証も不可能な議論が続けられた。特に「物価」のみに神経を集中した縦割り的な金融政策論議の中で、財政規律への影響、政治的な改革意欲の減退など、金融政策の管轄外で起きる副作用への考慮がまったくなされないまま一〇年単位で時間が過ぎた。「非伝統的な金融緩和を一〇年単位で続けると、国民、市場、政治家はどのように考え、どのように反応するだろうか」という経済社会の全体を見渡した再帰的思考が欠如していたのである。本来、政府と日本銀行が協力して全体最適を目指すべきだったが、ともすると日銀だけに不況への対応を担わせようとした近年の世の中の傾向も大きな問題であった。

エリート主義から対話的な思考へ

再帰的思考とは、他者を自分と対等の人間と見ることで初めて可能となる思考法である。ここに挙げた不良債権処理、金融政策のいずれの例でも、為政者は、政策の影響を受ける一般家計や企業などに対する再帰的思考を欠いていた。政策を提起する論者たちには、国民を自分たちよりも思考力の劣る存在であるとみなすエリート意識が根底にあったのではないだろうか。政策当局者の間には、政策対象の経済システムを、あたかも政策刺激に対して単純な反応を示す機械仕掛けのようにみなす傾向もあったが、それは経済を構成するひとりひとりの人間を思考力のない歯車のようにみなしていたに等しいともいえる。政策を実施する際に、少し考えれば分かるような大きな副作用を見逃し、失われた三〇年に至る政策の失敗をもたらしたのは、そのような思考習慣だったのではないか。

ちなみに、一九七〇年代にロバート・ルーカスたちが合理的期待仮説によってそれまでの古いケインズ経済学を批判したが、その批判の眼目は、「ケインズ経済学は、政策対象の国民を思考力のある対等な人間とみなしていない」という点であった。つまり、ケインズ経済学を使っている為政者には、国民を自らと対等な人間とみなして、かれらの思考を真剣に思いやろうとする再帰的思考の態度が欠如している、という批判である。愚かな国民を知的な為政者が導くというケインズ経済学のエリート主義を、合理的期待学派は批判したのである。さらに言えば、教科書的なケインズ経済学やそれを政策に応用した為政者は再帰的思考を欠いたエリート主義者だったかもしれないが、ジョン・メイナード・ケインズその人は、再帰的思考について深く考えた人であった。ケインズは株式市場を美人投票になぞらえて再帰的思考への深い洞察を示している。このように振り返ると、一九九〇年代以降に日本の為政者が陥った失敗は、少なくともその二〇年以上も前から「為政者が陥りがちな思考の罠」として経済学者が戒めてきたこととだったとも言えるのである。

経済学者に限らず、古くは哲学者のイマヌエル・カントも再帰的思考を欠いた縦割り思考を戒めていた。カントによれば、「自己の地位や官職という立場において許された範囲内での理性の使用」は戒めるべき「理性の私的使用」であり、自己の立場に囚われず、世界のすべての公衆を前に制約なしに理性を働かせることこそが称揚されるべき「理性の公的使用」であった（『啓蒙とは何か』）。日本の社会には、各領域の専門家が縦割り思考から離れ、「一人の市民として」社会全体の利益を考えることを困難にする構造要因があるのかもしれない。カントのいう「理性の公的使用」を行うための社会全体の共通の基盤、あるいは様々な専門家のコミュニティに横串を通す市民社会の土台、というべきものの存在が希薄なのかもしれない。

政策を考える政策当局者も、その影響を受ける一般国民も、おおむね同等の教育を受けて同様な経験を積んだ同じ人間である。当局も国民も、相手は自分と対等な思考力を持つという認識を共有し、互いを対等な人間として尊重する必要がある。その上で、幅広い再帰的思考あるいは対話的な思考にもとづいた政策論議と意思決定が求められる。そして、私たち国民自身が危機を打開する当事者として政策を選択する覚悟を持たなければならない。これが日本の三〇年から私たちが受け取るべき教訓と言えるのではないだろうか。

あとがき

最後に、コロナ禍と本書のかかわりを述べておきたい。本書の執筆は、二〇二〇年の春に始まる予定だった。しかし、まさにそのときに世界的な新型コロナウイルス感染症のパンデミックが始まり、スケジュールは大きく遅れることとなった。筆者自身が縁あって感染症対策の政策過程に関わることになったからである。

二〇一九年の企画の段階では、どちらかというと日本経済論の教科書のような客観的で中立的な解説書を作ることを考えていた。しかし、コロナ禍の三年あまりの経験を経て考えが変わった。多少は主観的になったとしても、もっと強いメッセージを打ち出したいという気持ちが強くなったのである。その結果、本書の様々な箇所で、やや強い表現を使うことになってしまった。あえてとがった表現をそのまま残したところもある。それは、感染症対策の経験から、本書で書かれた過去の経済政策の失敗が、必ずしも昔の「終わった話」ではない、と実感したからである。一九九〇年代以降の経済の失敗をもたらした私たちの心性は、まさに現在進行形で今に続いているのではないか、とコロナ禍の中で感じたのである。

二〇二〇年初春からコロナ禍が本格化したとき、経済学者として何か世の中に発信しなければばという思いから、一橋大学の佐藤主光《もとひろ》さんと筆者は、三月に経済学者数十人の賛同を得てパンデミック下での経済政策について政策提言を取りまとめて発表した。その後、筆者は五月から内閣官房のコロナ対策を審議する専門家の会議に招聘され、その後、三年にわたって感染症対策の政策形成を実地に体験することになった。

二〇二〇年春から夏にかけて、コロナ禍初期の最大の難所となったのは、感染を判定するPCR検査（ポリメラーゼ連鎖反応検査）の検査能力の増強の問題であった。この経緯について詳しくは、小林（2023b）にも記述したが、PCR検査の能力・件数は、他の主要国の数十分の一程度にとどまっており、なぜPCR検査が増えないのかが大問題となっていた。筆者は政府の会議体での議論に参加する一方で、PCR検査拡大を求める各界の有識者一一四名による政策提言「積極的感染防止戦略による経済社会活動の正常化に向けた緊急提言」（二〇二〇年六月）のとりまとめにも参画した。この提言は今でもウェブ上で見ることができる（政策提言本文 https://www.rieti.go.jp/users/kobayashi-keiichiro/covid-19-proposal.pdf 政策提言への賛同者リスト https://www.rieti.go.jp/users/kobayashi-keiichiro/supporters.pdf）。

この当時、経済界など多くの国民はPCR検査の迅速で大幅な拡充を求めたが、一方で、感染症専門家や国民の一定層の中には性急な検査能力増強に反対する意見も強かった。経済界や私たちは、無症状者の多い新型コロナの感染拡大によって、経済社会が「だれが感染しているか分からない」という巨大な不確実性に突如覆われたので、PCR検査の拡充によって少しでもその不確実性を軽減し、経済活動を回復させることが正しい政策だと考えた。したがって、無症状の一般市民も含め、だれでもいつでも検査を受けられる環境を目指すべきであり、そのために大幅で迅速な検査能力の拡充が必要だと訴えた。ちなみに二〇二〇年春は無症状どころか重い症状があっても何日も検査を待たされるほど検査能力の不足は深刻だった。

一方、感染症専門家など医療や公衆衛生の関係者は、PCR検査はあくまで感染者を発見し治療につなげるためのツールだとしており、経済の不確実性を軽減する効果などはまったく眼中になかった。無症状の一般市民にまで検査を拡大することは、感染者を効率的に発見するというPCR検査の医療的な目的から見れば、検査資源と労力の無駄遣いでしかなかった。医療者の視点からは、堅実にコントロール可能なペースで検査を整然と拡大することが正しい政策だった。

PCR検査について、こうした正反対ともいえる考えが併存し、対立が先鋭化した。たまたま歴史上初めて、感染症検査の実施が「経済社会が直面する不確実性を軽減する」という経済政策としての効果を持ってしまったために、経済的なマクロの正義と医療的なミクロの正義が衝突したのである。どちらもそれぞれの立場においては、明らかに自分たちに正義がある、と信じて疑わず、時間だけが流れていった。結局、他の主要国が三カ月程度で達成した検査能力を実現するまでに、一年半もの時間がかかった。別な言い方をすれば、PCR検査の問題は、専門家がもっぱら専門家として思考すべきか、一市民として経済社会の全体に配慮するべきか、というカントの問い（理性の私的使用と公的使用）を私たちに突き付けていたのである。

この構図は、一九九〇年代の不良債権問題において私たちが直面した問題の構図とぴったりと重なる。本書で論じてきたように、当時、「どの銀行や企業が過剰債務を抱えているか、またそれらがいつ倒産するか分からない」という不確実性が経済社会に広がっていた。日本経済を覆う不確実性を除去するために大胆な手段で不良債権処理を加速すべきだというマクロの議論と、銀行システムの安定を目標に定めて粛々と整然とコントロール可能なペースで処理すべきだという金融の論理が対立した。ここでも政策についての二つの正義が衝突したといえる。一方は、マクロ的、一般均衡的、あるいは国民一般にとっての正義であり、他方は、ミクロ的で、金融システムという専門領域に特化した部分均衡的な、専門家の正義である。こうした対立の結果、他国では通常三年程度で終わる不良債権処理が、日本では一五年かかることになった。

コロナ禍での感染症対策の経験は、こうした対立の構造は今でも分野を超えて広く日本社会に存在するのだということを、改めて気づかせてくれたのである。

本書の内容については、慶應義塾大学の同僚諸氏をはじめとして日々ご指導いただいている各界の多くの方々から学んだことが生かされている。本書において何らかの意味で読者に有益な内容が提示できているとしたら、すべてはこうした学びのおかげである。

本書の企画段階から完成まで、編集を担当してくれた楊木文祥さんと工藤尚彦さんには、たいへんお世話になりました。楊木さんには企画から執筆開始までの三年間、辛抱強く待っていただき、また、本書の方向性などについて多大なご示唆をいただきました。また、工藤さんには月刊『中央公論』の担当編集者として本書の企画の立ち上げに尽力いただき、そして、執筆の最終段階で楊木さんから本書の担当を引き継ぎ、仕上げの重要な局面で的確なサポートをしていただきました。

また、私のわがままで迷惑をかけているにもかかわらず、いつも私を支え続けてくれる家族に深く感謝したいと思います。最後になりましたが、お世話になったすべての皆様に、この場をお借りして心からの感謝の意を表します。

二〇二三年一一月二日　欧州と中東での戦乱の終息を心から祈りつつ

小林慶一郎

kobayashi/83. html
小林慶一郎（2023b）「政策決定プロセスについてのコロナ禍の教訓」RIETI Policy Discussion Paper Series 23-P-023
小林慶一郎・編著（2018）『財政破綻後』日本経済新聞出版社
小林慶一郎・加藤創太（2001）『日本経済の罠――なぜ日本は長期不況を抜け出せないのか』日本経済新聞社
西條辰義（2015）『フューチャー・デザイン――七世代先を見据えた社会』勁草書房
西條辰義（2019）「フューチャー・デザインとは何か？」https://www. city. kobe. lg. jp/documents/14903/miraitoshir011025-2. pdf
シェフラー、サミュエル（2023）『死と後世』森村進訳、ちくま学芸文庫
菅原琢（2006）「格差問題は第二の「郵政」となるか」中央公論4月号
スティグリッツ、ジョセフ・E.（2002）『世界を不幸にしたグローバリズムの正体』、鈴木主税訳、徳間書店
関根敏隆・小林慶一郎・才田友美（2003）「いわゆる「追い貸し」について」『金融研究』22(1): 129-156.
東京財団政策研究所（2013）政策提言「財政危機時の政府の対応プラン」https://www.tkfd.or.jp/files/files/doc/2013-01.pdf
中野剛志（2019）『目からウロコが落ちる 奇跡の経済教室【基礎知識編】』ベストセラーズ
長町大輔（2018）「ゼロ金利制約下の政府支出のマクロ経済効果に関する小論」国土交通政策研究所 https://www. mlit. go. jp/pri/kikanshi/pdf/2017/67-2. pdf
服部孝洋（2023）「資本保全バッファー（CCB）およびカウンターシクリカル・バッファー（CCyB）入門」『ファイナンス』, 令和5年1月号 https://www.mof.go.jp/public_relations/finance/202301/202301g.pdf
ピケティ、トマ（2014）『21世紀の資本』山形浩生・守岡桜・森本正史訳、みすず書房
古金義洋（2017）「最近の格差拡大について」JA共済総合研究所 https://www. jkri. or. jp/PDF/2017/sogo_76furukane. pdf
ホネット、アクセル（2014）『承認をめぐる闘争――社会的コンフリクトの道徳的文法』山本啓・直江清隆訳、法政大学出版局
牧田健（2012）「世界経済見通し」Business & Economic Review, 日本総合研究所 https://www.jri.co.jp/MediaLibrary/file/report/ber/pdf/9489.pdf
宮崎義一（1992）『複合不況――ポスト・バブルの処方箋を求めて』中公新書
森泰二郎（2018）「財政乗数についての諸議論」財務総合政策研究所 https://www. mof. go. jp/public_relations/finance/201807/201807l. html
柳澤伯夫（2021）『平成金融危機――初代金融再生委員長の回顧』日本経済新聞出版
吉川洋（2020）『マクロ経済学の再構築』岩波書店

outlook/2022/09/16/future-design-yahaba-politics/
Martin, Alberto, and Jaume Ventura（2012）"Economic Growth with Bubbles." *American Economic Review*, 102(6): 3033–3058.
Mian, Atif, Ludwig Straub, and Amir Sufi（2021）"Indebted Demand." *Quarterly Journal of Economics*, 136(4): 2243–2307.
OECD（2014）"Focus on Inequality and Growth." December 2014, https://www.oecd.org/social/Focus-Inequality-and-Growth-2014.pdf
Ostry, Jonathan D., Andrew Berg, and Charalambos G. Tsangarides（2014）"Redistribution, Inequality, and Growth." IMF staff discussion note
Rawls, John（1971）*A Theory of Justice.*, Harvard University Press.（ロールズ、ジョン（2010）『正義論』川本隆史・福間聡・神島裕子訳、紀伊國屋書店）
Reinhart, Carmen M., Vincent R. Reinhart, and Kenneth S. Rogoff（2012）"Public Debt Overhangs: Advanced-Economy Episodes since 1800." *Journal of Economic Perspectives*, 26(3): 69–86.
Sachs, Jeffrey（1988）"Conditionality, Debt Relief, and the Developing Country Debt Crisis." NBER Working Paper 2644.
Sargent, Thomas J.（1982）"The Ends of Four Big Inflations,"Chap. 2, in Robert E. Hall（ed.）, *Inflation: Causes and Effects*. University of Chicago Press, Chicago:IL. https://www.nber.org/system/files/chapters/c11452/c11452.pdf
Summers, Lawrence H.（2014）Reflections on the new 'Secular Stagnation hypothesis'." https://cepr.org/voxeu/columns/reflections-new-secular-stagnation-hypothesis
Svensson, Lars E. O.（2017）"Cost-benefit analysis of leaning against the wind." *Journal of Monetary Economics*, 90: 193–213.
Woodford, Michael（2009）""Convergence in Macroeconomics: Elements of the New Synthesis." *American Economic Journal: Macroeconomics*, 1(1): 267–79.
Zhou, Wei-Xing, and Didier Sornette（2005）"Is there a real-estate bubble in the US?" *Physica A*, 361 : 297–308.

岩井克人（2014）「トマ・ピケティ「21世紀の資本」が指摘したこと」東洋経済オンライン https://toyokeizai.net/articles/-/56137
大竹文雄（2005）『日本の不平等』日本経済新聞出版社
大守隆・編（2021）『日本経済読本（第22版）』東洋経済新報社
小林慶一郎（2012）経済教室「技術変化は格差を縮める」日本経済新聞2012年7月23日 https://www.rieti.go.jp/jp/papers/contribution/kobayashi/46.html
小林慶一郎（2019）『時間の経済学——自由・正義・歴史の復讐』ミネルヴァ書房
小林慶一郎（2023a）経済教室「世代間問題は克服できる」日本経済新聞2023年6月16日 https://www.rieti.go.jp/jp/papers/contribution/

Decade." *Review of Economic Dynamics*, 5(1): 206–235.

Hirano, Tomohiro, and Noriyuki Yanagawa (2016) "Asset Bubbles, Endogenous Growth, and Financial Frictions." *Review of Economic Studies*, 84(1): 406–443.

Kitao, Sagiri (2018) "Policy uncertainty and cost of delaying reform: The case of aging Japan." *Review of Economic Dynamics*, 27: 81–100.

Kiyotaki, Nobuhiro, and John Moore (1997) "Credit Cycles." *Journal of Political Economy*, 105(2): 211–248.

Kiyotaki, Nobuhiro, John Moore and Shengxing Zhang (2021) "Credit Horizons." NBER Working Paper No. 28742.

Kobayashi, Keiichiro (2006) "Payment uncertainty, the division of labor, and productivity declines in great depressions." *Review of Economic Dynamics*, 9(4): 715–741.

Kobayashi, Keiichiro, and Masaru Inaba (2005) "Debt disorganization in Japan." *Japan and the World Economy*, 17(2): 151–169.

Kobayashi, Keiichiro, and Kozo Ueda (2022) "Secular Stagnation and Low Interest Rates under the Fear of a Government Debt Crisis." *Journal of Money, Credit and Banking*, 54(4): 779–824.

Kockerols, Thore, and Christoffer Kok (2021) "'Leaning against the Wind,' Macroprudential Policy, and the Financial Cycle." *International Journal of Central Banking*, 17(5):177–235.

Kozlowski, Julian, Laura Veldkamp, and Venky Venkateswaran (2020) "The Tail That Wags the Economy: Beliefs and Persistent Stagnation." *Journal of Political Economy*, 128(8): 2839–2879.

Krebs, Tom (2003) "Human Capital Risk and Economic Growth." *Quarterly Journal of Economics*, 118(2): 709–744.

Krugman, Paul R. (1988) "Financing vs. Forgiving a Debt Overhang." *Journal of Development Economics*, 29(3): 253–268.

Krugman, Paul R. (1998a) "Japan's Trap." https://www.princeton.edu/~pkrugman/japans_trap.pdf

Krugman, Paul R. (1998b) "It's Baaack: Japan's Slump and the Return of the Liquidity Trap." *Brookings Papers on Economic Activity*, 2: 137–205.

Krusell, P. and Smith, Anthony A., Jr. (1998) "Income and Wealth Heterogeneity in the Macroeconomy." *Journal of Political Economy*, 106(5): 867–896.

Liu, Ernest, Atif Mian, and Amir Sufi (2022) "Low Interest Rates, Market Power, and Productivity Growth." *Econometrica*, 90(1): 193–221. https://doi.org/10.3982/ECTA17408

MacAskill, William (2022a) " The Beginning of History." *Foreign Affairs*, Sept/Oct. 2022.

MacAskill, William (2022b) "Outlook: Want politics to be better? Focus on future generations." https://www.washingtonpost.com/

Bullard, James (2010) "Seven Faces of 'The Peril'. "Federal Reserve Bank of St. Louis Review, September/October 2010. https://files. stlouisfed. org/files/htdocs/publications/review/10/09/Bullard. pdf

Caballero, Ricardo J., Takeo Hoshi, and Anil K. Kashyap (2008) "Zombie Lending and Depressed Restructuring in Japan." *American Economic Review*, 98(5): 1943–1977.

Chari, V. V., and Patrick J Kehoe (2006) "Modern Macroeconomics in Practice: How Theory is Shaping Policy." *Journal of Economic Perspective*, 20(4): 3–28.

Christiano, Laurence., Martin Eichenbaum, and Sergio Rebelo (2011) "When Is the Government Spending Multiplier Large?" *Journal of Political Economy*, 119(1): 78–121.

Diamond, Douglas W., and Philip H. Dybvig (1983) "Bank Runs, Deposit Insurance, and Liquidity." *Journal of Political Economy*, 91(3): 401–419.

Eggertsson, Gauti B., Neil R. Mehrotra, and Jacob A. Robbins (2019) "A Model of Secular Stagnation: Theory and Quantitative Evaluation." *American Economic Journal: Macroeconomics*, 11(1): 1–48.

Eggertsson, Gauti B., and Michael Woodford (2003) "The Zero Bound on Interest Rates and Optimal Monetary Policy." *Brookings Paper on Economic Activity*, 1: 139–233.

Friedman, Milton, and Anna J. Schwartz, (1963) *A Monetary History of the United States, 1867–1960*, Princeton: Princeton University Press.

Fukuda, Shin-ichi, and Jun-ichi Nakamura (2011) "Why Did 'Zombie' Firms Recover in Japan?" *World Economy*, 34(7): 1124–1137.

Gertler, Mark, and Peter Karadi, (2011) "A model of unconventional monetary policy." *Journal of Monetary Economics*, 58(1): 17–34.

Gertler,Mark,and Nobuhiro Kiyotaki(2015)"Banking, Liquidity, and Bank Runs in an Infinite Horizon Economy."*American Economic Review*,105(7): 2011–43.

Gilboa, Itzhak, and David Schmeidler (1989) "Maxmin expected utility with non-unique prior." *Journal of Mathematical Economics*, 18(2): 141–153.

Gordon, Robert J. (2012) "Is U. S. Economic Growth Over? Faltering Innovation Confronts the Six Headwinds." NBER Working Paper 18315.

Gourio, François (2012) "Disaster Risk and Business Cycles." *American Economic Review*, 102(6): 2734–2766.

Guerron-Quintana, Pablo A., Tomohiro Hirano, and Ryo Jinnai (2023) "Bubbles, Crashes, and Economic Growth: Theory and Evidence." *American Economic Journal: Macroeconomics*, 15(2): 333–371.

Hansen, Gary, and Selahattin Imrohoroglu (2016) "Fiscal Reform and Government Debt in Japan: A Neoclassical Perspective." *Review of Economic Dynamics*, 21: 201–224.

Hayashi, Fumio, and Edward Prescott (2002) "The 1990s in Japan: A Lost

参考文献

Acemoglu, Daron (2002) "Directed Technical Change." *Review of Economic Studies*, 69(4): 781–809.

Acemoglu, Daron., Carvalho, V. M., Ozdaglar, A., and Tahbaz-Salehi, A. (2012), "The Network Origins of Aggregate Fluctuations." *Econometrica*, 80: 1977–2016.

Aiyagari, S. Rao (1994) "Uninsured Idiosyncratic Risk and Aggregate Saving." *Quarterly Journal of Economics*, 109(3): 659–684.

Auerbach, Alan J., and Maurice Obstfeld (2005) "The Case for Open-Market Purchases in a Liquidity Trap," *American Economic Review*, 95(1): 110–137.

Banerjee, Ryan Niladri, and Boris Hofmann (2018) "The rise of zombie firms: causes and consequences." *BIS Quarterly Review*. https://www.bis.org/publ/qtrpdf/r_qt1809g.pdf

Benhabib, Jess, Stephanie Schmitt-Grohé, and Martín Uribe (2002) "Avoiding Liquidity Traps." *Journal of Political Economy*, 110(3): 535–563.

Bernanke, Ben S. (1983) "Nonmonetary Effects of the Financial Crisis in the Propagation of the Great Depression." *American Economic Review*, 73(3): 257–276.

Bernanke, Ben S. (2002) "Deflation: Making Sure 'It' Doesn't Happen Here." Remarks by Governor Ben S. Bernanke. Before the National Economists Club, Washington, D. C. November 21, 2002. The Federal Reserve Board.

Bernanke, Ben S., and Mark Gertler (1989) "Agency Costs, Net Worth, and Business Fluctuations." *American Economic Review*, 79(1): 14–31.

Bernanke, Ben S., Mark Gertler, and Simon Gilchrist (1999) "The Financial Accelerator in a Quantitative Business Cycle Framework." in Taylor, John B. and Michael Woodford (eds.), *Handbook of Macroeconomics*, Vol. 1: Elsevier, Chap. 21, pp. 1341–1393.

Blanchard, Olivier J. (2008) "The State of Macro." NBER Working Paper https://www.nber.org/system/files/working_papers/w14259/w14259.pdf

Blanchard, Olivier J. (2019) "Public Debt and Low Interest Rates." PIIE Working Paper https://www.piie.com/system/files/documents/wp19-4.pdf

Braun, R. Anton, and Daisuke Ikeda (2022) "Why Aging Induces Deflation and Secular Stagnation." Discussion Paper Series 2022-E-15, Bank of Japan.

Braun, R. Anton, and Douglas H. Joines (2015) "The implications of a graying Japan for government policy." *Journal of Economic Dynamics and Control*, 57: 1–23.

Braun, R. Anton, and Lena Mareen Körber (2011) "New Keynesian Dynamics in a Low Interest Rate Environment." Federal Reserve Bank of Atlanta Working Paper No. 2011–10.

小林慶一郎（こばやし・けいいちろう）

1966年生まれ．91年，東京大学大学院工学系研究科修了後，通商産業省（現経済産業省）入省．98年，経済学Ph. D.（シカゴ大学）．2013年から慶應義塾大学経済学部教授．キヤノングローバル戦略研究所研究主幹，経済産業研究所ファカルティフェロー，東京財団政策研究所研究主幹などを兼任．専門分野はマクロ経済学．
著書『日本経済の罠』（共著，日本経済新聞社，2001，日経・経済図書文化賞，大佛次郎論壇賞奨励賞）
『財政破綻後』（編著，日本経済新聞出版社，2018）
『時間の経済学』（ミネルヴァ書房，2019）
『相対化する知性』（共著，日本評論社，2020）
『ポストコロナの政策構想』（共著，日本経済新聞出版，2021）
など

日本《にほん》の経済政策《けいざいせいさく》
中公新書 *2786*

2024年1月25日発行

著　者　小林慶一郎
発行者　安部順一

本文印刷　三晃印刷
カバー印刷　大熊整美堂
製　　本　小泉製本

発行所　中央公論新社
〒100-8152
東京都千代田区大手町 1-7-1
電話　販売 03-5299-1730
　　　編集 03-5299-1830
URL https://www.chuko.co.jp/

Published by CHUOKORON-SHINSHA, INC.
Printed in Japan　ISBN978-4-12-102786-3 C1233

経済・経営

2000 戦後世界経済史 猪木武徳
2185 経済学に何ができるか 猪木武徳
2659 経済社会の学び方 猪木武徳
1936 アダム・スミス 堂目卓生
2679 資本主義の方程式 小野善康
2307 ベーシック・インカム 原田 泰
2388 人口と日本経済 吉川 洋
2338 財務省と政治 清水真人
2541 平成金融史 西野智彦
2784 財政・金融政策の転換点 飯田泰之
2041 行動経済学 依田高典
2501 現代経済学 瀧澤弘和
1658 戦略的思考の技術 梶井厚志
1824 経済学的思考のセンス 大竹文雄
2045 競争と公平感 大竹文雄

2447 競争社会の歩き方 大竹文雄
2724 行動経済学の処方箋 大竹文雄
2575 移民の経済学 友原章典
2473 人口減少時代の都市 諸富 徹
2751 入門 環境経済学（新版） 日引 聡・有村俊秀
2743 入門 開発経済学 山形辰史
2571 アジア経済とは何か 後藤健太
2506 中国経済講義 梶谷 懐
2770 インド―グローバル・サウスの超大国 近藤正規
2420 フィリピン―急成長する若き「大国」 井出穣治
2199 経済大陸アフリカ 平野克己
290 ルワンダ中央銀行総裁日記（増補版） 服部正也
2612 デジタル化する新興国 伊藤亜聖
2786 日本の経済政策 小林慶一郎